Lo que la g
El líder qu

No conozco a nadie más calificado para escribir sobre el liderazgo que el Dr. Jim Bradford. He visto su vida de cerca desde hace casi tres décadas. Es un líder al que seguiría a cualquier lugar con mucho gusto. Su perspectiva sobre el liderazgo lo llevará a un nuevo nivel de excelencia espiritual.

—**Dr. George O. Wood**, superintendente general
del Concilio General de las Asambleas de Dios

El Dr. Bradford es un poderoso ejemplo de un líder cuyo corazón sigue a Dios y cuyos dones nos desafían a un nivel más alto de vida y liderazgo. Desde mi punto de vista, su vida está en perfecta armonía con las enseñanzas de este libro.

—**Clarence St. John**, superintendente de distrito, del Concilio de las
Asambleas de Dios del Distrito de Minnesota; presbítero ejecutivo
del Concilio General de las Asambleas de Dios

Tengo el mayor respeto por Jim Bradford. Es irónico. Para una persona que nunca ha buscado seguidores, se ha convertido en un líder de líderes. Al igual que José, sin importar la adversidad, emerge con mayor responsabilidad y oportunidad de influir. Aprecio que Jim comparte sus inseguridades acerca de liderar y los desafíos que ha recibido al liderar. Su autenticidad es un soplo de aire fresco en este asunto. Es mi oración que este libro se convierta en una voz para una nueva generación de líderes, líderes que se preocupen tanto por las metas de sus seguidores como sus aspiraciones personales. Tal vez el mejor elogio que podía dar a Jim es que al principio de mi carrera yo confié mis metas y aspiraciones personales con él.

—**Dr. Chip Espinoza**, autor de *Millennials @ Work*, *Achieve Greatness at
Work and Managing the Millenials*

Después de haber observado la comprensión de Dr. Jim Bradford sobre liderazgo espiritual, *El líder que otros seguirán* nace de su propia experiencia pastoral. Este libro aborda los conceptos correctos de una manera práctica, y sin embargo profundamente espiritual y es un recurso fiable para pastores y líderes laicos por igual!

—**Jeff Peterson**, pastor principal, Central Assembly of God,
Springfield, Missouri

El Dr. Jim Bradford pasó tres días conmigo y mi equipo de liderazgo enseñándonos algunos de los principios de este libro. Fue algo que cambió mi vida y un avance estratégico para nuestra iglesia. Jim es práctico, relevante y accesible. *El líder que otros seguirán* es un gran libro para estudiar como un líder individual, mejor aún, una herramienta para estudiar junto a todo su equipo de liderazgo!

—**Rod Loy**, pastor de First Assembly of God, North Little Rock, Arkansas; autor de *Tres preguntas*, *Obediencia inmediata*, y *Después de la luna de miel*.

En este libro, Jim Bradford ha capturado la esencia del liderazgo de la iglesia, aborda las cuestiones de principios prácticos de liderazgo/administración a la vez que mantiene un enfoque en la prioridad de la vitalidad espiritual del líder. Al tratar estos principios en doce capítulos bajo cuatro categorías específicas, *El líder que otros seguirán* es una guía de instrucción y un libro devocional que debería convertirse en parte de la biblioteca de todos los líderes de la iglesia. Inspirará y animará a los lectores a reexaminar sus funciones de liderazgo y a esforzarse por mejorarlas.

—**Efraim Espinoza**, director de la Oficina de Relaciones Hispanas, Concilio General de las Asambleas de Dios

Si pudiera elegir un autor para escribir sobre liderazgo espiritual, no puedo imaginar a alguien que me gustaría recomendar más que al Dr. Jim Bradford. Con la avalancha de libros publicados sobre el liderazgo, El líder que otros seguirán merece nuestra atención. El enfoque en el liderazgo *espiritual* es refrescantemente práctico y modelado por un líder entre los líderes que ha practicado el liderazgo de servicio espiritual toda su vida. Para los ministros con un corazón para dirigir espiritualmente en un mundo de cambios desconocidos, este libro se ubica al inicio de mi lista.

—**Dra. Elizabeth (Beth) Grant**, presbítero ejecutivo del Concilio General de las Asambleas de Dios y cofundador del Project rescue

EL LÍDER QUE OTROS SEGUIRÁN

12 PRÁCTICAS Y PRINCIPIOS PARA EL MINISTERIO

James T. Bradford

Dedicado a la memoria de mi padre,

Ted Bradford,

un extraordinario laico con un don

para el liderazgo en el ministerio,

hoy con el Señor Jesús.

ÍNDICE

PRÓLOGO

Jim Bradford ha sido un colega desde hace más de veinte años. La primera vez que lo conocí fue cuando era pastor de nuestra familia en el sur de California. Aprendí muy pronto que las ideas de Jim sobre la Escritura y su sabiduría pastoral siempre tienen sus raíces en una profunda espiritualidad. Su vida personal estaba inundada en oración, y mientras permanecía de pie en el púlpito o hacía el ministerio pastoral, era evidente que: Jim Bradford había estado con Dios.

Su vida en el poder del Espíritu se complementa con una mente aguda. Él es realmente un sabiondo en cohetes con todos los títulos que lo validan. Leer física cuántica para entretenerme no es mi idea de diversión, pero la aguda mente de Jim rebusca en la información en el mundo científico y ofrece ideas que pocos líderes pastorales pueden recoger de manera efectiva. En una sociedad secular, donde la información lidera, Jim Bradford no se distrae de lo principal.

Mientras que Jim dice que *El líder que los otros seguirán* no es un libro de texto, no es un libro complicado, o programa o libro secular, es un volumen importante que todos los líderes pastorales deben tomar en serio. Lo que ganará son ideas sobre cómo un verdadero siervo ha atravesado su llamado a servir a Jesucristo. Las prácticas utilizables y principios que ofrece se han forjado en el crisol de la vida real. El desorden, el dolor, la alegría y la satisfacción de seguir a Jesús, como un líder ministerial, producen un beneficio transferible para todos los que se atreven a leer este libro.

El líder que otros seguirán enmarca el ministerio de liderazgo para la iglesia en el centro fundacional de la espiritualidad vibrante. Este libro reconoce que los sistemas de organización y estrategias deben estar vinculados a las fortalezas y habilidades de un líder. Si la gran mayoría de las muertes, entre los líderes pastorales, son relacionados con problemas cardiovasculares, entonces la parte sobre el cuidado de la salud física y emocional no debe tomarse a la ligera. Por último, no hay que ignorar el simple hecho de que el capítulo final se titula victoria espiritual. Poner este tema en el capítulo final proporciona la razón más obvia por la que Jim está calificado para escribir un libro titulado *El líder que otros seguirán.* Yo no esperaría nada menos de mi amigo y pastor Jim Bradford.

—**Byron Klaus**, presidente del Seminario
Teológico de las Asambleas de Dios

INTRODUCCIÓN

Durante muchos años viví cerca de la costa, en California del Sur, con un clima idílico la mayor parte del tiempo. Me agradaba describir el tiempo como todo lo que no era: no hacía calor, no hacía frío, no había nubes, no había viento, no era húmedo. O, como lo habría dicho un amigo: «Otro día aburrido en el paraíso.»

Se ha escrito tanto sobre el liderazgo, que intentaré describir este libro también como lo que *no es*:

- *No es un libro de texto.* Mi objetivo es centrarme en cuestiones prácticas y concretas, más que en aspectos teóricos y generalidades. Este libro está pensado para gente activa en el ministerio, para aquellas personas que ocupan puestos de liderazgo, ya sea como pastores o voluntarios en puestos claves.

- *No es un libro complicado.* Cada uno de los doce capítulos tiene un objetivo en particular y está escrito para que sea fácil de seguir y asimilar. En realidad, los equipos de liderazgo podrían seleccionar este libro como recurso, porque el material se presta bien para tomar un capítulo al mes para su discusión y aplicación.

- *No es un libro programático.* No toma partido por ningún programa ni plan de estudios específicos, sino que se propone desarrollar una filosofía sustentable y capaz de reproducirse que sea provechosa para los líderes en el ministerio, a la vez que honra a Cristo y se centra en las personas.

- *No es un libro secular.* Algunos libros seculares sobre administración se inspiran en principios bíblicos de liderazgo y sugieren, por ejemplo, que el líder debería estar al servicio de quienes lo siguen, pero este libro versa sobre el liderazgo espiritual. Uno de los retos más grandes que enfrentamos en nuestra condición de líderes en el ministerio, y una de mis pasiones personales, es asegurarnos de que la espiritualidad sea siempre un valor intrínseco a nuestro liderazgo.

Este libro se organiza en torno a cuatro ejes: espiritualidad, estrategias, técnicas y vitalidad. Cada parte comienza con una reflexión introductoria, seguida de tres capítulos centrados en un tema propio del liderazgo y pertinente a ese eje rector. He estructurado los capítulos en torno a un puñado de principios y prácticas que son el fruto de mis treinta años de ministerio pastoral.

Escribí este libro sabiendo que el clima espiritual de nuestro mundo está en proceso de cambio, especialmente en el mundo occidental. El centro de gravedad del cristianismo se ha desplazado en gran medida hacia el hemisferio sur. Muchas iglesias en el Occidente parecen haber caído en un letargo, cada vez más indefensas ante los vendavales del secularismo cultural, el pluralismo religioso, el relativismo moral y el ateísmo agresivo. Mientras, el hambre espiritual hace estragos en la cultura.

Estos fenómenos pueden considerarse sombras de muerte o, por el contrario, presagio de otro avivamiento espiritual antes del regreso de Cristo —si Jesús decidiera retardar su venida, como me inclino a pensar—, tanto en el Occidente como en aquellas regiones aún no evangelizadas del mundo.

Un avivamiento de tales características requerirá líderes pujantes que, como el rey David, guíen al pueblo con el corazón y las manos, así como pastores consagrados, espiritualmente dignos de confianza y con aptitudes personales.

Y David los pastoreó con corazón sincero; con mano experta los dirigió. Salmo 78:72

Estoy convencido de que nuestras iglesias están llenas de gente hambrienta por un liderazgo como el de David. Quiera nuestro Padre celestial levantar en su ministerio líderes consagrados a Jesús, llenos de la unción del Espíritu, que sirvan bien al pueblo de Dios y preparen el camino para una arrolladora renovación espiritual en la tierra.

PARTE 1

Espiritualidad y servicio

Era mi primer domingo como pastor en la iglesia en Springfield, Missouri y aquel día me comprometí ante la congregación a:

- ser un líder espiritual
- crecer como persona
- decepcionarlos, a veces, en algún sentido o en otro
- trabajar en equipos para encarar un ministerio donde el centro fueran las personas
- creer con ellos en el futuro de Central Assembly (el nombre de la iglesia).

Mi manera de entender al líder como alguien que se pone al servicio de los demás no me hace sentir menos líder. No obstante, sí me obliga a asumir compromisos con la gente, antes de exigir a los demás que asuman un compromiso conmigo. Hacer lo contrario promueve la idea de que hay derechos asociados al liderazgo, lo que colocaría a mi persona y mis prerrogativas en el centro y, eventualmente, alejaría a aquellas personas que más necesito tener en mi entorno.

Por supuesto, el tercer compromiso que asumí —decepcionarlos— fue el que todos recordaron. Así es la naturaleza humana. Pero aquel primer domingo también les advertí que probablemente habría momentos en que ellos también me decepcionarían. Tendríamos que enfrentarlo, superar las frustraciones y seguir adelante juntos. Y aunque algunas personas parecían encontrar un deleite perverso en recordarme cada vez que efectivamente estaba «cumpliendo mi tercer compromiso», en general, todavía había una confianza en el fondo: en parte porque no exigía que me tuvieran confianza, sino que me había colocado en una posición tal que debía *ganármela* a través de las responsabilidades que asumía.

Este es el fundamento del liderazgo espiritual: vivir conforme al Espíritu, asumir los compromisos de la vida y cumplir lo que prometemos, ganarse la confianza de la gente, exigir poco para nosotros y animar a los demás.

CAPÍTULO 1

Compromisos centrales

«Ten mucho cuidado de cómo vives y de lo que enseñas».
1 Timoteo 4:16 (NTV)

De niño, era bajo, tímido y de ningún modo el tipo de personalidad dominante en el patio de recreo. Para cuando tuve edad de ir a la universidad, la idea de ser un líder me resultaba aterradora. Pero ese temor, al igual que muchos otros temores, resultaron ser nada. Después de años de ver cómo las puertas se me abrían y de diversas experiencias estimulantes, el liderazgo al final se convirtió en parte de la persona que soy. Nadie está más sorprendido que yo.

Gracias a Dios, muchas personas maravillosas me acompañaron durante ese proceso. Ejercieron un estímulo que constituyó un poder refinador en mi vida, porque me ayudaron a cambiar la manera en que me percibía. Mientras, el Señor, que es fuerte en nuestras debilidades, me recordaba con paciencia que yo no lo había escogido a Él, sino que Él me había escogido a mí (Juan 15:16).

En el camino, llegué a apreciar la primera carta de Pablo a Timoteo, en el Nuevo Testamento, como un manual para el liderazgo bíblico. En 1 Timoteo 4:16, el apóstol aconsejó específicamente a Timoteo de que tuviera cuidado «de cómo vives y de lo que enseñas». ¿Por qué de *cómo vives* tanto como de lo que se enseña (la doctrina)? Pablo lo explica a continuación: «... por el bien de tu propia salvación y la de quienes te oyen».

El liderazgo público puede ser brutal. Pero serán los compromisos personales y hábitos que adoptemos los factores que nos sostendrán y nos convertirán en la persona que lleguemos a ser. Cuando se trata de influencia, la gente seguirá a *quienes somos más que lo que decimos*. En este contexto, «ten cuidado de cómo vives» no es una cuestión de egoísmo ni de simple supervivencia, sino que es el proceso que nos da credibilidad como líderes. No se trata de tener buena presencia ni una personalidad extrovertida, sino del contenido de nuestra vida: nuestro carácter y nuestras convicciones.

Hace mucho que creo que lo que lleguemos a ser dentro de diez años será en gran medida la suma total de todos los «hoy» que vivamos. El comediante Eddie Cantor una vez comentó: «Lleva veinte años convertirse en un éxito de la noche a la mañana».[1] O, como alguna vez escuché que lo expresaba John Maxwell: «Las cosas que haces todos los días eventualmente se manifestarán». Al fin de cuentas, la vida es un día a día, y ese será nuestro punto de partida.

Hace varios años, mientras reflexionaba en lo que implicaba ese «tener mucho cuidado de cómo vives» de 1 Timoteo 4:16, decidí escribir siete frases, muy breves, que condensaran los compromisos básicos que necesitaba asumir a diario en mi propia vida. Luego le agregué a cada frase una pregunta de diagnóstico para «apretar las clavijas» y obligarme a tener disciplina. (Cada uno es libre de elaborar sus propios compromisos básicos y preguntas de autoevaluación, pero las siguientes son las que yo me propuse).

1. CONOCE A DIOS: *Si no tuviera más actividades en el ministerio, ¿todavía tendría una relación íntima con Jesús y ésta seguiría creciendo?*

Mi amigo Chuck Miller, en su libro *The Spiritual Formation of Leaders* [La formación espiritual de los líderes], describe dos habitaciones que todos los ministros necesitan tener en orden: la habitación del alma y la habitación del liderazgo. Señala que «la iglesia ha tendido a colocar las personalidades tipo A en el liderazgo, y a las personas más reflexivas dentro de la oración y la espiritualidad. Al final, acabamos por obligar innecesariamente a la gente a elegir entre la espiritualidad y el liderazgo»[2] Es una decisión que no tendríamos que tomar.

¿Realmente quiero que mi ministerio crezca sin que madure también mi relación con Jesús? ¿Qué quiero que se escriba sobre mi lápida algún día: «Pastoreó una gran iglesia» o «Conoció a Dios»? La habitación del alma nos invita a tener intimidad con Cristo, además de realizar actividades *para* Cristo. Esa íntima comunión con el Señor es lo que impide que el ministerio nos reduzca a ser meros artistas. Nuestras iglesias están llenas de personas que, por sobre todo, quieren saber que sus líderes efectivamente caminan con Dios.

> **Si nos encargamos de cuidar cuán profundo vivimos, Dios se encargará de cuidar la extensión de nuestra influencia.**

Los hombres y las mujeres que han sido instrumentos en manos de Dios a lo largo de la historia siempre supieron que si nos encargamos de cuidar cuán profundo vivimos, Dios se encargará de cuidar la extensión de nuestra influencia. Esto implica profundizar antes que abarcar, andar antes que trabajar. Es procurar el quebranto más que la felicidad, y depender más de la unción que de la adrenalina. Es leer y meditar en toda la Palabra de Dios, y no solo en aquellos pasajes sobre los que habremos de predicar. Es buscar la comunión con Dios cuando nadie nos ve y concentrarnos al máximo a fin de andar conscientemente en la continua presencia de Dios durante todo el día.

Esta relación con Dios no se puede delegar a nadie, y ningún éxito en el ministerio será capaz de compensarla. Es el primer mandamiento; es una cuestión del primer amor, en franca oposición a la siniestra tendencia que nos hace amar más el dirigir que amar a Jesús.

2. **PROCURA LA INTEGRIDAD:** *¿Tengo secretos en mi vida que intencionalmente oculto de las personas más allegadas a mí?*

¿Hay conductas cuestionables en nuestra vida que pudieran inducir pensamientos como: *«Espero que mi esposa nunca me vea haciendo esto»* o *«No quisiera encontrarme con nadie de la iglesia justo ahora»*?

Tales pensamientos deberían encender una alarma dentro de nuestra cabeza y sacudirnos para despertar en nosotros una sinceridad implacable. En matemática, los enteros se diferencian de las fracciones. *Integridad* lleva implícita la cualidad de íntegro, de entero, de no fraccionado. No deberíamos tener ninguna conducta secreta, cubierta bajo un manto de silencio, en contradicción con nuestras funciones en el ministerio o contrapuesta al Dios a quien servimos.

Por desgracia, cuando la cuestión pasa por conductas que comprometen nuestra integridad, la lista es larga: desde los prejuicios, la arrogancia, la manipulación, el engaño, la traición a la confianza depositada en nosotros y las promesas no cumplidas, hasta la pornografía, el adulterio, la bebida, las drogas ilícitas, el juego, los descalabros financieros y los fraudes, para mencionar solo algunas conductas impropias. Agreguémosle la opresión demoníaca, el agotamiento, el aburrimiento o el éxito desenfrenado... y nuestra vulnerabilidad se torna más aguda.

Por desgracia, son muchas las víctimas. La primera víctima es nuestra propia alma. Decir que nuestros secretos nos enferman es mucho más que un cliché. Pero no somos las únicas víctimas. Las personas que amamos y aquellos que nos siguen porque somos sus líderes necesitan desesperadamente poder confiar en nosotros. Cuando esa confianza que depositaron en nosotros se pierde, el liderazgo nunca resulta y alguien siempre saldrá herido. La integridad y la confianza están estrechamente relacionadas.

Sin embargo, en el centro mismo de nuestros lugares secretos y oscuros, Dios plantó la cruz y colgó de ella a su Hijo. Esta es nuestra esperanza: un Dios que viene a nosotros en nuestro peor estado, nos llama a la dolorosa sinceridad de la confesión, nos perdona generosamente y luego crea en nosotros un nuevo ser interior con su Espíritu de resurrección. La integridad es posible gracias a esto.

3. SÉ TÚ MISMO: *¿Vivo bajo la presión autoimpuesta de tener que demostrarle siempre algo a alguien?*

Cuando nos ponemos al servicio de esa implacable presión interna de tener que demostrarle a alguien que somos buenos líderes, o personas espirituales, o predicadores competentes, hacemos de nosotros el centro de atención. Nos esforzamos demasiado, dependemos en exceso de nosotros mismos y, al final, cometemos imprudencias. Esa presión de tener que demostrar algo hace que guiemos a los demás a partir de nuestras inseguridades, más que con verdadera humildad.

> **En algún momento necesitamos aprender unos de otros y dejar de intentar ser como otros.**

No obstante, la lucha para no idealizar ni idolatrar a nadie, sino descansar y ser la persona que Dios quiere que seamos, es difícil para la mayoría de nosotros. La cultura de «celebridades» imperante aun en la iglesia tampoco ayuda. Pero, en palabras de un amigo mío bastante profético: «Cada uno de nosotros es un original de Dios». En algún momento necesitamos aprender unos de otros y dejar de intentar ser como otros. Me llevó años llegar siquiera cerca de este punto.

Una de las pruebas prácticas que tengo para evaluarme es escuchar cuántas veces la gente me dice: «Pastor, gracias por ser auténtico», o «realmente me ayuda que usted esté dispuesto a ser una persona sincera» o «aprecio su transparencia». Si pasan demasiadas semanas sin que nadie me diga algo al respecto, sé que me estoy rezagando en la lucha entre el profesionalismo centrado en la imagen y el servicio auténtico, centrado en el amor.

Cuando voy ganando esa batalla, me siento menos presionado por «hacer cosas» y más libre para ser simplemente aquel hombre que el Señor me creó para ser, sin tener que probarle nada a nadie.

4. ASUME TU RESPONSABILIDAD: *¿Reconozco mis errores o prefiero echarle la culpa a otros y usar el púlpito para desahogarme?*

Hace muchos años, llegué a la conclusión de que mi peor problema relacionado con el liderazgo espiritual era mi propio corazón. No hay ningún déficit presupuestario, ni ningún crítico o feligrés insoportable que pueda complicarme seriamente cualquier día de mi vida. El mayor desafío, siempre, es gobernar mi corazón y asumir la responsabilidad de lo que pasa dentro de mí, sin culpar a la gente ni a las circunstancias por mis sentimientos y conductas.

Cuando pasamos a otros la responsabilidad de nuestra salud espiritual y sicológica, y les echamos la culpa de lo que nos pasa, nos convertimos de hecho en las víctimas. Como los culpamos por cosas que están, por lo general, fuera de nuestro control, nos sentimos impotentes y frustrados. Eso produce enojo: el que a menudo se expresa en conductas de liderazgo destructivas e interesadas. La gente saldrá lastimada; y nosotros, seguiremos enfermos, al igual que nuestros ministerios. Solo la salud reproduce más salud.

¿Reconocemos nuestros errores personales con nuestros colegas, o incluso los admitimos ante aquellas personas a quienes dirigimos? ¿La pasión con que predicamos es el torrente puro del Espíritu de Dios, o es una corriente contaminada de la voluntad de Dios con una mezcla de enojos sin resolver? ¿Solucionamos problemas o dejamos pasivamente que fermenten? ¿La culpa de lo que está mal la tienen siempre los miembros de la congregación, nuestros líderes denominacionales, o aceptamos la parte de nuestra responsabilidad?

Se requiere de gran cantidad de coraje espiritual para ser verdaderamente sinceros con nosotros mismos. Pero, si hemos de ser personas de influencia, debemos dejar lo que se escapa a nuestro control y asumir la responsabilidad de lo que sí podemos controlar: nuestras propias actitudes y conductas.

5. ACEPTA LOS CAMBIOS: *¿Estoy lleno de fe y esperanza en el futuro, o soy propenso a sentir nostalgia del pasado y temeroso de afrontar riesgos para el futuro?*

Dado que el cambio está siempre presente, y que no es posible el crecimiento sin cambios, los líderes eficaces prefieren aceptar la realidad de los cambios y ayudar a otros a aceptarlos también. Resistirse continuamente a los cambios es contraproducente. Nadie crece y se pierden las oportunidades. La nostalgia y los temores ocupan su lugar. La nostalgia, por más agradable que sea, tiende a mantenernos encerrados en el pasado y hacernos muy rígidos para adaptarnos al presente. El temor, por su parte, puede paralizarnos hacia el futuro. La nostalgia y el temor son cárceles terribles.

La fe y los riesgos, en cambio, son mucho más afines a la actividad del Espíritu Santo. Requieren aceptar los cambios. Exigen una actitud que nunca se conforma con lo previsible, la mediocridad o lo seguro.

La prueba que uso para monitorear la «rigidez insidiosa» capaz de inmovilizar mi vida es preguntarme si estoy o no dispuesto a asumir riesgos, especialmente a medida que envejezco. En otras palabras, ¿qué cosas —de las que no puedo estar seguro del resultado— pienso hacer a continuación y cuáles me llevarán, por lo tanto, a confiar en Dios?

> Hacer lo mejor para el ministerio en su conjunto requiere inmenso coraje personal y estar dispuesto a aceptar la clase de cambios que llevarán fruto para Cristo.

Lamentablemente, en nuestra condición de líderes en el ministerio, a menudo esperamos que todo el mundo cambie menos nosotros. El pastor de una iglesia revitalizada una vez me comentó que lo más extraordinario del cambio radical que había vivido su iglesia era cuánto había tenido que cambiar él mismo, como pastor, antes de que comenzaran a darse otros cambios. Es fácil caer en la trampa de tener más expectativas de los demás que de uno mismo. Cuando nos negamos a cambiar, nuestro liderazgo tenderá a satisfacer solo nuestras necesidades, se conformará a nuestras rutinas familiares y no se percatará de los puntos ciegos. Pero hacer lo mejor para el ministerio en su conjunto requiere inmenso coraje personal y estar dispuesto a aceptar la clase de cambios que llevarán fruto para Cristo.

A fin de aceptar los cambios constructivos y personales, muchos de nosotros necesitamos la compañía de otros en el camino, que nos hablen y que su palabra nos llegue, que nos recuerden las prioridades y que nos impidan perder de vista la perspectiva general del ministerio. Es un viaje difícil de afrontar a solas.

6. NUNCA DEJES DE APRENDER: *¿Nos regimos por la ley del mínimo esfuerzo intelectual o nos aplicamos a la disciplina del estudio y la reflexión personal?*

Mientras pasaba sus días en la prisión, Pablo pidió que le trajeran sus libros (2 Timoteo 4:13). Es fácil olvidarse que el apóstol, además de ser un líder en el ministerio, también fue un intelectual de primera línea. Tenía una excelente educación para su época y, si nos guiamos por cómo pensaba y escribía, seguramente tenía el coeficiente intelectual de un genio. Por desgracia, nuestras experiencias de iglesia a veces dan la impresión —sutil, pero errónea— de que una persona no puede ser espiritual e inteligente al mismo tiempo.

Las Escrituras, sin embargo, nos exhortan a renovar nuestra mente, no a descuidarla. Nunca olvidaré lo que dijo uno de mis líderes espirituales: «Quiero vivir hasta que me muera». Es posible que todos conozcamos personas que dejaron de vivir mucho antes de la hora de su muerte, simplemente porque dejaron de sentir curiosidad por la gente, por el mundo que Dios creó y por las grandes verdades teológicas que Él nos reveló.

Para cuando tenía cuarenta y tantos años, quedé sorprendido de lo fuerte que era la tentación de simplemente dejar de esmerarme durante la segunda mitad de mi vida en el ministerio. Es angustiosamente fácil dejar las disciplinas personales e intelectuales, y reemplazarlas con la televisión, redes sociales, interés desproporcionado por los deportes y actividades que exigen poco esfuerzo intelectual, que nos hacen perder el tiempo y que no requieren nada de nuestra parte. Pero podemos hacer mucho más que preparar mensajes con el mínimo de estudio y malgastar la mente en cosas ociosas.

Podemos leer libros, relacionarnos con gente que ha logrado mucho más que nosotros, hacer preguntas, escuchar, tomar notas de ideas interesantes, documentarse, aprender de las experiencias de la vida. Todas estas son maneras más productivas y enriquecedoras de vivir y seguir creciendo como líderes. Gran parte de lo que leo y aprendo está relacionado con mis responsabilidades de liderazgo, pero mis lecturas son más agradables cuando no se limitan a eso. Cuando estoy de vacaciones, me agrada leer libros de física o biografías de presidentes de los Estados Unidos. Mantenerme informado de las noticias y de la actualidad también es una actividad casi diaria la mayor parte del año.

Debemos depender enteramente del Espíritu Santo, no hay excusa para ser personas superficiales. Entre otras cosas, Jesús nos enseñó a amar al Señor nuestro Dios «con toda [la] mente» (Mateo 22:37).

7. **VIVE CON ALEGRÍA:** *¿Me encanta lo que hago o el ministerio se ha convertido en una carga para mí?*

Mientras estudiaba ingeniería en la Universidad de Minnesota, también dirigía un grupo universitario de las Asambleas de Dios (Chi Alpha), pero la asistencia a las reuniones había menguado de doce a tres personas al final del año. Sin embargo, en mi segundo año de la facultad, el Señor nos concedió un avance sobrenatural y, de la noche a la mañana, pasamos a ser más de sesenta estudiantes y después, cien.

Por desgracia, al ser un líder novato y un estudiante a tiempo completo, me dejé vencer por mis inseguridades. Comencé a sentir una enorme presión por todo lo que sucedía. Si algo salía mal, lo tomaba como prueba de que no sabía dirigir. Además, a medida que el grupo crecía, las imperfecciones se multiplicaban.

Una noche, muy tarde, mientras me preocupaba y me recriminaba una vez más, sentí que el Espíritu Santo me conducía a orar de otra manera cada vez que surgiera un problema en el ministerio. Algunos de mis amigos lo llaman la «oración de Bradford». Dice así: «Señor, surgió otro problema en tu ministerio. ¿Qué harás al respecto? Y, de paso, si necesitas ayuda, cuenta conmigo».

En otras palabras, Dios me ayudaba a liberarme de la presión que sentía sobre mí y a entregársela a Él. En general, las fórmulas simplonas no me suelen servir de mucho, pero esta simple oración es potente. Los ministerios a los que el Señor nos ha llamado no son nuestros: son de Dios, y Él se encargará de llevarlos adelante. Nuestra responsabilidad es tener cuidado de nuestro corazón y cumplir la tarea a la que nos llamó, pero la carga recae en Él. Él lleva el yugo con nosotros y hace que la carga sea liviana (Mateo 11:28–30).

Nuestros ministerios tal vez no sean perfectos, pero podemos servir con alegría porque la presión está sobre Él, no sobre nosotros.

No importa cuáles sean, pero los compromisos personales básicos que asumamos definirán las cosas que determinarán la persona que llegaremos a ser y cómo será nuestro liderazgo. Tengamos mucho cuidado de nuestro corazón, antes de intentar arreglar el corazón de alguien más. Quienes somos como persona nos llevará mucho más lejos que lo que hacemos.

CAPÍTULO 2

Un centro espiritual

«Tu nombre y tu memoria son el deseo de nuestra alma».
Isaías 26:8

La gente observa a los líderes y a menudo supone que para ellos debe de ser fácil mantenerse espiritualmente fuertes en el ministerio. A veces, cuando era pastor, la gente me decía: «Cómo me gustaría tener un trabajo como el de usted. Qué bueno que sería pasarme todo el tiempo orando y leyendo la Palabra de Dios». Por supuesto, la realidad dista mucho de ser así. El liderazgo en el ministerio puede ser, en realidad, bastante tóxico a la salud espiritual. A menudo oramos poco y trabajamos demasiado. Nuestra identidad queda cada vez más envuelta en el trajín de las ocupaciones que en nuestra vida de relación con Dios. Podemos incluso llegar a amar más al liderazgo que a Jesús.

En su libro, *The Life and Teaching of Jesus Christ* [El amor y las enseñanzas de Jesucristo], el predicador escocés James Steward contempló el panorama de los líderes religiosos en los tiempos de Jesús y observó que:

los fariseos habían *externalizado* la religión
los escribas habían *profesionalizado* la religión
los saduceos habían *secularizado* la religión
los zelotes habían *nacionalizado* la religión.[3]

Si no tenemos cuidado, eso es exactamente lo que el ministerio público podría hacernos también: externalizarnos, profesionalizarnos, desilusionarnos y hacer que nos metamos demasiado en la política.

O, como Eugene Peterson lo expresó en *El camino de Jesús*:

La religión es una de las mejores pantallas para encubrir casi cualquier tipo de pecado. El orgullo, la ira, las bajas pasiones y la avaricia son alimañas que se reproducen bajo las tablas del piso de la religión. Quienes estamos identificados con instituciones o vocaciones religiosas no podemos ser demasiado cuidadosos. El diablo hace algunos de sus mejores trabajos detrás de los vitrales.[4]

Tim Elmore ha establecido unas asociaciones útiles entre estos peligros espirituales y algunos perfiles. ¿Fuimos, tal vez, víctimas de una o más de estas falsedades en el ministerio activo?

EL PANADERO HAMBRIENTO—Estamos demasiado ocupados en proveer pan para alimentar a los demás. El resultado a corto plazo es que alimentamos a todos, mientras nosotros pasamos hambre.
LA CELEBRIDAD SUPERFICIAL—Nos mantenemos distantes de todos, incluso de Dios, en nuestro intento de que nadie nos lastime, nos manipule o descubran que somos líderes imperfectos.
EL ARTISTA CONSUMADO—Estamos excesivamente preocupados con el «espectáculo» que brindamos. A la larga, podríamos encontrar difícil volver a ser auténticos con Dios.
EL PROFESIONAL ESPIRITUAL—Concebimos a la espiritualidad como nuestro empleo, de 9 de la mañana a 5 de la tarde, o «de todos los domingos», y nuestra relación con Dios se transforma en un «empleo».[5]

En el curso de mis años en el ministerio pastoral, he descubierto que el mejor antídoto para las tendencias tóxicas en el liderazgo es vivir conforme a tres experiencias bíblicas, que nos limitan y a la vez nos llenan de vida: (1) estar quebrantado ante Dios, (2) permanecer en Cristo por medio de su Palabra y la oración, (3) vivir en comunión con el Espíritu Santo.

Quebrantado ante Dios

Comprensiblemente, la idea de contrición va contra casi todos los instintos humanos. Sin embargo, las disciplinas espirituales por sí solas, más allá de la experiencia personal que nos traen, todavía pueden dejarnos débiles. El «corazón quebrantado y arrepentido»(Salmos 51:17) es la puerta de entrada a la intimidad espiritual con Cristo. Nuestras tendencias innatas lo resistirán y nuestra inclinación a preferir la seguridad de disciplinas rígidas intentarán evitarlo, pero nada puede sustituir al verdadero quebrantamiento de corazón ante el Señor.

Siempre me he sentido conmovido por la descripción que el testigo presencial Frank Bartleman hizo del famoso avivamiento de la calle Azusa:

> En aquel viejo edificio, con vigas bajas y pisos de tierra, Dios hizo pedazos a hombres y las mujeres fuertes, y luego los unió de nuevo, para su gloria. Fue un proceso impresionante de reforma: allí no podía prosperar el orgullo ni la autoafirmación, tampoco la importancia personal ni la autoestima.[6]

Dios quiera que no lleguemos alguna vez a quedar impresionados con nosotros mismos. Mejor que nos «haga pedazos» y que luego nos junte y arme para su gloria. O, en las agudas palabras de A. W, Tozer: «Es dudoso que Dios pueda bendecir grandemente a un hombre si antes no lo ha herido profundamente».

La mano de Dios, que es tan compasiva como suficientemente severa, puede quebrar todo aquello que se resista a Él o que quiera reemplazarlo.

Jesús nos advirtió: «Separados de mí no pueden ustedes hacer nada» (Juan 15:5). Lo que más me preocupa sobre esta afirmación es el punto final. Jesús no dice: «Separados de mí no pueden ustedes hacer nada... a no ser que encuentren la persona indicada para dirigir el culto o hasta que terminen sus estudios». Es una afirmación sin matices y aleccionadora: «Separados de mí no pueden ustedes hacer nada». Cuando comprendemos eso, quedamos sumidos en el quebranto.

Cuando Jesús tomó los cinco panes y dos peces, los bendijo y luego los rompió. Recién entonces la comida se multiplicó milagrosamente. De modo bastante similar, así nos inculca Dios la dependencia de Él. Hemos sido bendecidos con el llamado, la unción y la gracia, pero también necesitamos arrepentirnos y quebrarnos si hemos de multiplicarnos. Pero qué difícil es morir a la dependencia de uno mismo, la voluntad propia y el interés propio. Sin embargo, la mano de Dios, que es tan compasiva como suficientemente severa, puede quebrar todo aquello que se resista a Él o que quiera reemplazarlo.

Miles Sanford solía exhortar a los creyentes: «Enfoca tu mente en el cielo para vivir bien en la tierra». En su libro, *Principles of Spiritual Growth* [Principios de crecimiento espiritual],[7] menciona los nombres de grandes héroes de la fe de los últimos siglos: personas de la talla de Jonathan Goforth, D. L. Moody, Amy Carmichael, John Hyde, Hudson Taylor, George Mueller, y muchos otros. Luego hace una interesante observación. En promedio, a estos líderes espirituales que trajeron tanto fruto les llevó quince años pasar de «trabajar para Cristo» a «dejar que Cristo obrara a través de ellos». Eso es lo que el Señor quiere lograr cuando nos quebranta.

Dios me dio una breve, pero potente lección de esto cuando me mudé a la Universidad de Minnesota para mi primer año como estudiante de ingeniería. Sería el año de mi peor desilusión espiritual. Comencé a participar de un pequeño grupo universitario que se había formado hacía unos años en la universidad, pero todos los líderes se estaban yendo. Hacia el final de aquel año, el pastor de la universidad, el reverendo K. K. John, me pidió que me encargara del grupo, el cual quedaría solo bajo la dirección de los estudiantes. Acepté, aunque de mala gana. Al año, quedábamos solo tres. Mi vocación de dedicarme a la ingeniería parecía confirmada.

Un día, uno de los otros compañeros que todavía seguía asistiendo, Steve, me visitaba en mi dormitorio. En algún momento simplemente dijo: «Tal vez tendríamos que ayunar y orar». Sorpresivamente y de inmediato, el Espíritu de Dios se apoderó de mi corazón. Me sentí desesperadamente hambriento por Dios. A veces, dejaba de comer durante días porque no sentía apetito. Entre clases o tarde en la noche, durante semanas, sentía la necesidad de orar. Y eran oraciones desordenadas. A veces, lo único que podía hacer era ponerme boca abajo en el piso y gemir.

Aunque la intensidad de aquella experiencia disminuyó después de unos meses, durante el siguiente año y medio no sucedió nada extraordinario, salvo que pasamos a ser una docena en el grupo. Fundamentalmente, la gente participaba del grupo porque sentían la urgencia de orar por la universidad. Hasta que un día, de la noche a la mañana y sin previo aviso, sucedió algo revolucionario.

Era un martes de noche como cualquier otro, a mitad del semestre de otoño, en mi segundo año en la universidad, y cuando esperaba encontrarme con los doce que siempre venían, había más de sesenta estudiantes. Habían venido en grupos de amigos, pero todos en la misma noche. Hasta el día de hoy no le encuentro una explicación humana. Sin embargo, lo más importante fue que el Espíritu de Dios aquella noche se derramó poderosamente sobre nosotros y, a partir de entonces, todo fue diferente.

> Debemos volver a una dependencia
> básica de Dios, cueste lo que cueste.
> El corazón quebrantado es el camino.

Pronto el grupo creció hasta llegar a casi cien y, con el tiempo, se convirtió en una iglesia dentro de la universidad. Puedo rastrear mi propio recorrido hasta tomar la decisión de dedicarme al ministerio de tiempo completo, cuando me gradué tres años y medio después de ese milagro que Dios nos concedió aquel día. Pero siempre recordaré que las semillas de ese milagro se plantaron cuando estaba en mi punto más bajo, cuando mis primeros intentos como líder habían fallado. Aunque cada una de nuestras historias específicas como líderes en el ministerio serán diferentes, la necesidad es la misma. Debemos volver a una dependencia básica de Dios, cueste lo que cueste. El corazón quebrantado es el camino. Sin quebrantamiento, nuestros ministerios no serán mucho más que lo que podríamos lograr por cuenta propia.

Permanecer en la Palabra y la oración

Después de establecer que no se puede lograr nada de importancia eterna sin Él (Juan 15:5), Jesús nos presenta un cuadro gráfico para invitarnos a Él. La rama necesita permanecer unida al tronco de la vid para que la vida fluya por dentro. «Si permanecen en mí y mis palabras permanecen en ustedes, pidan lo que quieran, y se les concederá» (Juan 15:7). Casi todas las versiones de la Biblia usan esta palabra tan cargada de relación para traducir el verbo y la cláusula condicional: «Si permanecen en mí... .»

Las experiencias de quebrantamiento son pasajeras, pero «permanecer», mantenerse unido a la savia de Jesús es una relación cargada de vitalidad que trasciende esos momentos y moldea el centro espiritual de nuestra vida. Además, es un camino en ambos sentidos. Sus palabras permanecen en nosotros, y nosotros permanecemos en Él. Es una invitación a estudiar las Escrituras y asumir una vida de oración.

Estudiar las Escrituras

«Tomen el casco de la salvación y la espada del Espíritu, que es la palabra de Dios» (Efesios 6:17).

Acababa de terminar mis estudios de ingeniería y estaba en un período de transición al ministerio a tiempo completo en la Universidad de Minnesota cuando me encontré con un evangelista de niños que había impactado mi vida cuando era niño. Después de retomar la amistad, me mostró su método de «lectura veloz» de la Biblia. Cada página tenía solo una columna en el centro, con amplios márgenes a cada lado. No sé por qué, pero la idea que yo tenía, cuando se trataba de leer la Palabra de Dios, era que cuanto más lento, mejor. Sin embargo, aquí había un hombre de Dios, autodidacta en el arte de la lectura veloz, que asimilaba casi cuarenta capítulos de las Escrituras por día.

Luego me dijo: «No he cambiado nada de lo que hago en mi ministerio con los niños. Uso los mismos títeres, los mismos dibujos y las mismas canciones para niños. Pero desde que comencé a absorber la Escritura de esta manera, todos los días, el Espíritu de Dios ha obrado en mis cultos como nunca antes.» Nunca olvidaré el impacto que me produjeron sus palabras. La Palabra y el Espíritu obran juntos. La Palabra es la *espada* que usa el Espíritu (Efesios 6:17). Si la Palabra de Jesús permanece en nosotros, caminaremos en verdad y el Espíritu de Dios estará activo, nutriéndonos y dándonos vitalidad espiritual.

Quisiera sugerir tres maneras de estudiar las Escrituras:

Lectura—Espero que las demandas impuestas por el liderazgo en el ministerio nunca apaguen el hambre de leer simplemente la Palabra de Dios de manera continua. Tal vez no sean cuarenta capítulos al día, pero la mayoría de nosotros necesitaremos un plan de lectura para guiarnos. Personalmente, intento leerla tres o cuatro veces por semana y, en cada ocasión, leo secuencialmente dos capítulos de los libros históricos del Antiguo Testamento, dos páginas completas de Salmos, un capítulo de Proverbios (el que corresponda al día del mes; por ejemplo, Proverbios 26 el 26 del mes), un capítulo de los Evangelios, un capítulo de Hechos, y dos capítulos de las cartas del Nuevo Testamento y Apocalipsis. Los domingos rompo esta rutina y me concentro en una lista de versículos inspiradores y pasajes favoritos de las Escrituras que escogí durante la semana y guardé en una aplicación sobre Biblia en mi celular.

Meditación—Mientras leo esos capítulos, procuro encontrar un versículo que volveré a leer al final y sobre el que meditaré. Puede ser un versículo que parece saltar de la página, o uno que por lo menos dice algo que me llama la atención. La meditación de la Biblia está asociada a la idea de repetición, junto con tiempo y reflexión. Por lo general, dedico unos cinco minutos a meditar en el versículo que escogí, lo leo varias veces y le pido al Señor que me hable a través de él. Dedicar tiempo para meditar en la Escritura es una manera de entrenar el oído para escuchar la voz del Espíritu Santo, conforme Dios nos habla por medio de su Palabra.

Escuchar—Como el Espíritu y la Palabra obran en conjunto, Dios a menudo usará la Escritura para hablarnos, ya sea con una promesa, haciéndonos sentir la necesidad de actuar, o con un pasaje que quizás se convierta en una «Escritura inspiradora» o lema para nuestra vida. Si bien siempre intento prestar atención al contexto y la intención del autor, no quiero dejar de oír la voz de Dios conforme Él hace que las Escrituras cobren vida para mí personalmente. No quiero limitarme a leer la Palabra de Dios; quiero que la Palabra de Dios lea mi vida, con todas sus dimensiones de desafío y estímulo.

Permanecer en la oración

«Pero tú, cuando te pongas a orar, entra en tu cuarto, cierra la puerta y ora a tu Padre, que está en lo secreto. Así tu Padre, que ve lo que se hace en secreto, te recompensará» (Mateo 6:6).

> Creo que buscar a Dios en privado es lo que llena nuestros ministerios públicos con la fragancia de su favor y con unción.

Soy un firme defensor de la oración colectiva, con el amén del grupo. Cuando hay que mover montañas y la guerra espiritual se intensifica, es una inmensa ayuda encontrar otras personas con quienes orar. Pero en Mateo 6:6, Jesús nos enseñó a buscar a Dios a solas, con la puerta cerrada. En realidad, incluso dijo que tiene una recompensa. Orar con otros puede mover montañas, pero creo que buscar a Dios en privado es lo que llena nuestros ministerios públicos con la fragancia de su favor y con unción.

Aunque con frecuencia nuestra vida de oración personal nos haga sentir una culpa debilitante, no debemos darnos por vencidos ni frustrarnos. Las siguientes sugerencias son útiles para crecer en la oración.

Entrégate a la oración—El tiempo pasado en oración no debería limitarse a recorrer una larga lista de oración, por más válido que esto sea. Orar, por sobre todo, debería ser un encuentro con la presencia de Jesús. Aparta un tiempo para adorar, orar en lenguas, arrepentirte y clamar por el Espíritu Santo. Entrégate a la presencia de Jesús y deja que la oración se convierta en una relación de mutua intimidad con Dios. La oración no debería ser solo «por obligación» o porque «hay que orar.» Pide a Dios que te ayude a que Él sea tu deseo más ferviente y tu mayor deleite.

Usa las Escrituras para orar—Esto se ha convertido en una importante disciplina espiritual para mí en mi papel de líder pastoral. Cuando mi mente comienza a divagar, tomar un texto de las Escrituras y hacerlo mi oración a Dios me sirve para focalizar mi corazón. Cuando estoy triste, los pasajes de la Escritura como Salmos 30–33 me permiten verbalizar mi dolor y mi necesidad. Cuando me resulta difícil saber por qué motivos orar, dejo que el contenido de la Escritura aporte el tema a mi oración y eso me ayuda a saber que estoy orando conforme a la voluntad de Dios. Tomar textos de la Biblia y hacerlos mi oración sirven para sentirme menos presionado y me elevan a la presencia del Espíritu.

Ora con fe—La oración puede convertirse fácilmente más en una preocupación que en un ejercicio de fe. Cuando oramos e intercedemos, nos focalizamos en muchos problemas difíciles. A veces, me sentía bien cuando comenzaba a orar, pero acababa mi tiempo de oración sintiéndome agobiado. No obstante, la fe sirve para ver todo desde otra perspectiva. La fe crece con la alabanza, la acción de gracias y la confianza en las promesas de Dios. La fe ve más allá de las circunstancias del pasado y cree en la renovación. Posee respuestas del reino invisible de Dios, que luego se liberan en el reino de lo visible. Orar con fe cambia la manera de encarar la oración. Cuando oramos con fe, agradamos a Dios (Hebreos 11:6).

Vivir en la comunión del Espíritu Santo

«Que la gracia del Señor Jesucristo, el amor de Dios y la comunión del Espíritu Santo sean con todos ustedes» (2 Corintios 13:14).

A menudo perdemos la esencia de lo que significa ser cristiano porque es demasiado fácil reducir nuestra vida espiritual a una serie de mandatos, obligaciones y disciplinas. Ser cristiano es tener una relación personal e íntima con Jesús. A menudo le sugiero a la gente: «Antes de intentar pasar una hora por día con Dios, intenten pasar veinticuatro horas por día con Dios». Es una manera de vivir en comunión con el Espíritu Santo a lo largo de todo el día, caminar con Él, conversar con Él, escucharlo y vivir consciente de su presencia.

Hay dos cosas que me ayudan con esta cuestión: (1) ser intencionalmente agradecido y (2) orar en el Espíritu. Pablo nos exhorta a orar con acción de gracias (Filipenses 4:6), porque así estaremos conscientes de la actividad de Dios detrás de todo lo bueno que pasa en nuestra vida (Santiago 1:17). En 1 Corintios 14:14, Pablo también nos recuerda que cuando oramos en lenguas, el Espíritu Santo ora a través de nosotros. Por tanto, alabar a Dios y orar en el Espíritu me ayudan a caminar en comunión con el Espíritu Santo, sin importar dónde esté ni lo que haga durante el día. El liderazgo en el ministerio no tiene por qué ser tóxico a nuestra salud espiritual. Podemos caminar en comunión con el Espíritu Santo, permanecer en Cristo, y encontrar la gracia de Dios que nos fortalece en nuestra debilidad.

CAPÍTULO 3

Una identidad de servicio

Porque, ¿quién es más importante, el que está a la mesa o el que sirve? ¿No lo es el que está sentado a la mesa? Sin embargo, yo estoy entre ustedes como uno que sirve.
Lucas 22:27

El «yo, primero» es un problema tan antiguo como el corazón humano. Cuando la cuestión fue decidir entre la voluntad de Dios y la de ellos, Adán y Eva optaron por la suya. Después de finalmente predicar en Nínive, Jonás se enojó porque Dios había tenido compasión de la ciudad. Puso a sus propios prejuicios por encima de la voluntad de Dios

Y, en el camino a Capernaúm, los discípulos de Jesús se quedaron atrás, como queriendo que nadie los escuchara discutir acerca de quién era el más importante. Como adolescentes caprichosos, todavía tenían problemas de identidad que resolver, y se peleaban por el primer lugar. Luego, en Mateo 20, la mamá de los hijos de Zebedeo interviene también en el altercado y le recuerda a Jesús que en su reino solo tendrá dos lugares: a su mano derecha y a su izquierda. Pero, por desgracia, tenía doce discípulos. ¿Cuál fue su solución? «Mis dos hijos», por supuesto.

El problema del «yo, primero» también afecta hoy a los líderes en el ministerio. De no llevar esta actitud a la cruz y crucificarla, la preocupación con nuestra persona eventualmente podría minar nuestro liderazgo. En cambio, la apuntalamos con un conjunto de falacias:

«Soy un líder y, por lo tanto, tengo derecho a privilegios».

«Cualquier cosa que haga en mi carácter de líder debe, en última instancia, beneficiarme personalmente».

«Mi equipo está aquí para hacerme quedar bien».

«Me deberían pagar lo que valgo».

«Quienes no están de acuerdo conmigo son mis enemigos».

«Tendré que dejar de preocuparme de los demás para protegerme a mí mismo».

«Para conseguir lo que quiero necesito controlar a la gente».

Jesús eligió precisamente esta misma cuestión del control al final de la conversación con Pedro y la madre de Juan: «Jesús los llamó y les dijo: —Como ustedes saben, los gobernantes de las naciones oprimen a los súbditos, y los altos oficiales abusan de su autoridad. Pero entre ustedes no debe ser así» (Mateo 20:25–26).

Aunque para ser un líder eficaz se requiere ser decidido y tener una dirección clara, las palabras de Jesús, «… *entre ustedes no debe ser así*», de seguro ponen límites a la manera en que motivamos y tratamos a la gente en el proceso. Más que dominar y controlar, Jesús nos señala y nos convoca a un camino mejor: a dirigir y guiar a nuestros seguidores con una actitud de siervo.

Tres tipos de poder

Como líderes, cualquier paso que demos con el propósito de obrar como siervos, y que nos aleje del centrarnos en nuestra propia persona, al final nos pondrá frente a frente con el problema del *poder* y cómo usamos el poder en nuestra vida. El poder en las relaciones humanas tiene que ver con la influencia que tenemos y cómo la ejercemos. En las relaciones humanas se presentan esencialmente tres tipos de poder:[8]

El poder dado por la posición—Tenemos este poder en virtud del título que figura en la puerta de nuestra oficina y de la autoridad que acompaña nuestra función o cargo. Los padres, por ejemplo, saben lo que es el poder dado por la posición. Cuando ya no saben qué más decir, recurren a la sentencia: «Porque soy tu padre. Y punto. Por eso harás lo que yo digo».

El poder dado por las posesiones—Este poder viene dado porque tenemos algo que los demás no tienen. Algunos países tienen armamento y otros, no; algunos miembros de la iglesia tienen más dinero que otros; algunos colegas en el ministerio tienen más educación o más conocimiento sobre algunas situaciones que otros. Estar en posesión de cualquier cosa, sea lo que sea, da a esa persona ventaja e influencia sobre los demás.

El poder personal—Este poder brota de la confianza y el respeto que los demás nos tienen. Es una influencia arraigada en quiénes somos como persona, basada en el carácter interior y la integridad, más que en la posición externa formal o en las posesiones personales. Aunque quizás no vuelva a predicar a estados multitudinarios, Billy Graham ejemplifica bien este tipo de poder: el poder de influencia ejercido por la admiración y el respeto.

Nuestras inseguridades y las facetas más oscuras y orgullosas de nuestro ego tienden a llevarnos a dirigir desde el poder dado por la posición. Pero Jesús quiere llevarnos a dirigir a partir del poder personal. Jesús dijo de los gentiles (romanos) que «*abusan de su autoridad*», con todo el poder que detentaban por la posición que ocupaban (tenían autoridad porque eran el gobierno) y por sus posesiones (las armas). Pero nosotros no debemos ser como ellos.

Al contrario, Jesús nos exhorta a pensar y proceder como siervos, no como amos. Esto cambia radicalmente cómo nos percibimos como líderes. Somos facilitadores, no superestrellas; entrenadores, no dictadores; pastores, no profesionales. El objetivo del líder es conseguir que los demás den lo mejor de sí, y no que nos sirvan. Los ministerios desarrollados de esta manera dependen menos de la personalidad del líder y más de la gente. Nos encantaría que todos llegaran a ser instrumentos en manos de Dios, y no solo nosotros. Los líderes con actitud de siervos animan a la gente alrededor de ellos y alientan a todos.

> El objetivo del líder es conseguir que los demás den lo mejor de sí, y no que nos sirvan.

La paradoja es que esto es precisamente lo que dota de inmensa influencia a los líderes que se conforman al modelo de Cristo. Las personas quieren seguir a los líderes que las aman, que creen en ellas y que las ayudan a desarrollar todo su potencial. En general, aquellos a quienes más he influido no recuerdan necesariamente ningún sermón en particular que haya predicado, pero sí recuerdan el tiempo que les dediqué para conversar y animarlos.

Un axioma central del liderazgo es que la gente suele ponerse a la altura de las expectativas que los líderes depositan en ellas. Si valoramos y confiamos en la gente, las personas querrán ser fieles al potencial que creen que vemos en ellas. Y si, además, ven en nuestra vida personal cualidades que admiran y respetan, se sentirán atraídas a seguir nuestro ejemplo. Así es el liderazgo a partir del poder personal.

En cambio, cuando manipulamos y controlamos a la gente, pasa lo contrario. La gente se resiste o hace como que cumple para fuera, pero sin ningún compromiso para dentro. Los líderes excesivamente controladores consiguen, efectivamente, que la gente haga lo que ellos quieren, pero rara vez sacan lo mejor de las personas. El dominar y manipular a la gente sólo deja personas resentidas y enojadas. Las personas saludables no lo tolerarán, y las personas con don para el liderazgo se mantendrán alejadas de nosotros.

Nuestras inseguridades, por supuesto, solo exacerban el problema. Harán que procuremos *un alto protagonismo* o que nos pongamos a la *defensiva*. Si la imagen que damos es la de desear un alto protagonismo, la gente sentirá que la estamos usando para promover nuestro ego e intenciones ocultas. Si estamos siempre a la defensiva, trabajar con nosotros será frustrante para los equipos porque las decisiones que tomemos como líderes estarán basadas en nuestras necesidades y no en lo que es mejor para el ministerio. Es demasiado fácil evitar encarar los problemas más difíciles porque así nos protegemos de la ansiedad emocional, la tensión en las relaciones o de cualquier otra cosa que pudiera amenazar nuestra imagen pública.

El liderazgo con espíritu de servicio, en cambio, pone la misión de servir a Cristo (y a todos aquellos que Él ha puesto a nuestro alrededor) por encima de todas las inclinaciones «yo primero» que podamos tener. También es consecuente con una espiritualidad cristocéntrica, llena del poder del Espíritu. La espiritualidad piadosa en el liderazgo se expresa mejor cuando servimos a los demás. Me gusta pensarlo en los siguientes términos: «rebajados a la grandeza». Ser como Cristo siempre nos convertirá en siervos. El servicio, por su parte, nos transformará en líderes que dan espacio a los demás: exactamente el tipo de líderes que ellos quieren seguir. Jesús llama a esto «grandeza».

Después de advertirles a los discípulos que «entre ustedes no debe ser así», con respecto a los que «abusan de su autoridad» con la gente, en los dos versículos a continuación de Mateo 20, Jesús les describe cómo sería este «rebajamiento» (vv. 27–28). Implicará tanto *renuncia* como *determinación*.

Cuando Jesús nos rebaja a la grandeza...

Pero entre ustedes no debe ser así. Al contrario, el que quiera hacerse grande entre ustedes deberá ser su servidor, y el que quiera ser el primero deberá ser esclavo de los demás (Mateo 20:26–27).

> *. . . renunciamos al mito de que el mundo nos debe algo*

Estar convencido de que el mundo nos debe algo es un grave problema porque con toda seguridad debemos de ser los únicos que se lo creen. La mayoría de la gente no se pasa pensando en qué deuda tienen con nosotros. Creerse ese mito, en realidad, solo sirve para producir mucha desilusión en la vida. Es la peor cara de la actitud «yo primero».

Los siervos no piensan ni actúan como consumidores. Una vez escuché a Hal Donaldson, director ejecutivo de Convoy of Hope, preguntarles a un grupo de líderes espirituales que estaban en problemas si pasaban más tiempo preguntándose «¿Con quiénes cuento para mi servicio?», en vez de preguntarse «¿A quién estoy sirviendo?». Hay un mundo de diferencia entre ambas preguntas. Los servidores no pueden darse el lujo de preocuparse por lo que otros están, o no están, haciendo por ellos. Tampoco deberían preocuparse si son los protagonistas.

En una iglesia de la que fui pastor hace varios años, organizamos una fiesta anual de Navidad un domingo en la noche. Participaron todos, niños y adultos, actores y cantantes, auxiliares y pastores. Al final del programa entregamos regalos como muestras de aprecio y agradecimos a todos lo que habían participado. Sin embargo, no pude dejar de percatarme de que yo había sido el único sin regalo.

Me da vergüenza admitirlo, pero regresé a casa enojado, pensando: «*Nadie parece tener idea de todo el trabajo que tuve que hacer detrás del escenario para que esta fiesta saliera bien*». En mi carácter de pastor, también fui el anfitrión público del evento y el que predicó el mensaje de evangelización al final. Sin embargo, cuando terminaron todos los reconocimientos, yo era la única persona a quien nadie había mencionado. Y realmente estaba molesto.

Tenerse lástima es como las arenas movedizas, y el Señor tuvo que tomarme fuertemente del corazón para sacarme de ellas. En determinado momento, sentí que el Espíritu de Dios me decía: «Jim, tienes que dejar de contar las notas de agradecimiento. Pensé que estabas haciendo todo esto para mí, no para que te lo agradecieran». Por más duro que fue sentir que el trabajo de uno no había sido apreciado, la experiencia me ayudó a recuperar mi propia versión de lo que significa hacerse siervo de todos. Tuve que volver a renunciar al mito de que alguien estaba en deuda conmigo, de que se me debía un mínimo aprecio, para poder reafirmar que Jesús y su gloria son el único y verdadero motivo por el que sirvo.

> *. . . y decidimos dar más a la vida de lo que esperamos recibir a cambio.*

En el siguiente versículo Jesús nos exhorta a que tomemos una decisión; nos rebaja a la grandeza: «*... así como el Hijo del hombre no vino para que le sirvan, sino para servir y para dar su vida en rescate por muchos*» (Mateo 20:28).

Cuando tenía veinte años, y recién comenzaba a aprender sobre el liderazgo, tuve la oportunidad de leer el clásico de J. Oswald Sander, *Liderazgo espiritual*. En su libro describe un atributo importante de un líder espiritual: «Se propone dar más a la vida de lo que recibe de ella».[9] Esa frase marcó mi vida. ¿Qué pasaría si efectivamente tomaba la decisión de vivir de esa manera, desde ese mismo momento, sin perder tiempo y cuando era aún joven? ¿O si insistía, en cambio, en condicionar todo lo que invirtiera en la vida y el ministerio a lo largo de los años con el propósito de recibir un beneficio como contrapartida, igual o más que lo que había dado?

Sanders me puso frente a frente con la realización de que el liderazgo tiene que ver con la influencia, no con la justicia. Así vivió

Jesús. No vino para «saldar cuentas» ni para insistir en reciprocidad, sino para dar su vida. Esta actitud va contra todos nuestros instintos. Cuando compramos algo o hacemos un negocio, queremos tener la certeza de que si entregamos dinero es para recibir a cambio algo de igual o mayor valor. Jesús, en cambio, nos guía por otro camino.

Me agrada pensar que la gente es como los «termostatos» o los «termómetros». Los termómetros reflejan la temperatura ambiente, los termostatos la regulan. Los líderes necesitan ser como los termostatos: influir en su entorno, más que ceder ante él. No esperan que alguien dé el primer paso o que otro haga algo en lugar de ellos. Entienden que si desean cambiar el mundo probablemente tengan que invertir en las personas sin ninguna garantía de recibir algo a cambio.

Bernie May, misionero de Wycliffe, en su libro *Learning to Trust* [Aprendiendo a confiar],[10] describe un encuentro con los indígenas mazatecas, en el suroeste de México. Aunque eran un pueblo maravilloso, tenían una peculiaridad cultural arraigada en un concepto de «bien limitado». Si se les preguntaba: «¿Quién les enseñó a cocinar pan?», la respuesta era: «Nadie, simplemente sé cómo hacerlo». Rara vez se deseaban mutuamente que les fuera bien, y eran renuentes de enseñarse unos a otros. Creían que existía una cantidad limitada de «bien» para repartir. Tener buenos deseos para alguien disminuiría irremediablemente su propio bienestar; enseñar significaría menos conocimiento para ellos; amar a un segundo hijo implicaba amar menos al primero. Así es la mentalidad de la escasez: creer que la vida es un pastel, y que hay solo un número limitado de porciones para repartir.

En el reino de Dios, no hay «bien limitado»: solo hay abundancia. Los líderes que cambian el mundo decidieron de antemano, dar más a la vida de lo que esperan recibir de ella. Esta resolución de cómo vivir convierte a los líderes en personas que no temen asumir riesgos y en mentores. Nunca leen un libro solo para ellos; lo leen y piensan quién más se podría beneficiar de su lectura. Crean redes entre la gente, aun cuando ellos no estén en el centro, y estimulan a otros a desarrollar su potencial aun si los eclipsa.

Los líderes encaran la vida y el liderazgo como lo hizo Jesús. Jesús no vino para ser servido, sino para entregar su vida. Lo extraordinario es que, como en el caso de Jesús, nuestras vidas no se deprecian cuando vivimos así. En realidad, se multiplican. Así es la vida en abundancia. Nos libra de las limitaciones impuestas por la mentalidad del «yo primero» y nos convierte en termostatos, gente con influencia, para la gloria de Dios.

El fundamento de la humildad

Renunciar al interés propio y decidir dar más a la vida de lo que esperamos recibir a cambio son dos conductas fundadas en la humildad. Sin humildad, no es posible servir a los demás. Por desgracia, la humildad y la mansedumbre están terriblemente desvalorizadas, especialmente cuando se asocian al liderazgo. Sin embargo, son extremadamente potentes e influyentes. La humildad atrae la gracia de Dios y nos conforma a su favor: «Dios resiste a los soberbios, y da gracia a los humildes» (Santiago 4:6 RVR 1960).

La mansedumbre no es inseguridad. Las personas verdaderamente mansas son fuertes porque se tienen confianza, están seguras de su identidad y vocación. *«Bienaventurados los mansos, porque ellos recibirán la tierra por heredad»* (Mateo 5:5 RVR 1960).

La humildad y la mansedumbre además son increíblemente liberadoras. Estas actitudes no nos convierten en líderes débiles ni indecisos, ni tienen nada que ver con la timidez. Por lo contrario, desatan toda nuestra potencialidad de servicio, porque nos liberan de la esclavitud a las cosas que podrían limitar nuestra facultad para el liderazgo, y hasta detenernos. Al fin y al cabo, la humildad y la mansedumbre nos liberan de la necesidad de...

- probar algo a alguien
- impresionar a los demás o ser los protagonistas
- sentirnos más que los demás, y así sentirnos bien con nosotros mismos
- tener siempre la última palabra
- defendernos siempre de todas las críticas
- reclamar nuestros derechos, aun a costa de privar a otros de sus derechos
- ser apreciados o remunerados debidamente por nuestro liderazgo
- controlar los sentimientos y conductas ajenos para hacer lo que queramos.

La mansedumbre libera nuestro corazón para solidarizarnos y amar a la gente sin dominarla. La humildad hace que pongamos nuestra confianza y bienestar en las manos de Dios y nos libera para entregarnos a la gente a pesar de los riesgos. Juntas, la humildad y la mansedumbre reubican nuestra identidad: la sacan de los cimientos precarios de nuestras dudas y la afirman sobre el amor eterno y el llamado de Dios. En definitiva, nos infunden valor y coraje.

Esto nos trae de vuelta al núcleo de nuestra espiritualidad. El camino a la mansedumbre no implica castigarnos, sino permanecer en Jesús y asemejarnos cada vez más a Él, para ser un siervo como Él lo fue. Para expresarlo con las elocuentes palabras de Phillip Brooks:

> «La verdadera manera de ser humilde no es rebajarnos hasta ser menos de lo que somos, sino erguirnos tan alto como realmente somos y compararnos con una naturaleza más alta, que nos muestre cuál es la verdadera pequeñez de nuestra grandeza».[11]

Esa naturaleza más alta es Jesús, y Él constantemente nos rebaja a la grandeza. Él es nuestra referencia para compararnos, nadie ni nada más. Y aunque por causa de nuestra naturaleza humana caída nos sintamos inclinados a escalar posiciones y ser populares, Jesús nos guía por otro camino:

> *Como somos hijos de Adán y queremos ser grandes,*
> *Él se hizo pequeño;*
> *Como nosotros no quisimos rebajarnos,*
> *Él se humilló;*
> *Como nosotros queríamos mandar,*
> *Él vino a servir.*[12]
> *[Anónimo]*

PARTE 2

Sistemas y estrategias

En el metro de Londres, cada vez que se abren las puertas, se escucha por los altavoces una grabación: «Cuidado con el desnivel». Es la manera de los ingleses de advertir sobre la existencia de un hueco entre el andén y el piso del vagón.

Hay otra clase de «hueco» o de «desnivel» en la vida que haríamos bien en conocer para cuidarnos de no tropezar: el «desnivel» entre lo que esperamos y lo que efectivamente experimentamos; esa brecha entre lo ideal y lo real. La diferencia entre nuestras expectativas y lo que al final sucede puede ser considerable en el ministerio, y es fácil tropezar y caer. Puede dejarnos desilusionados con nosotros mismos y hacernos sentir víctimas indefensas de decisiones ajenas o de circunstancias sobre la que no tenemos ningún tipo de control. Si no estamos atentos, esa brecha puede dejarnos exhaustos y desgastarnos con la frustración y aun el enojo. Sin duda son la clase de cosas que contribuyen al desánimo.

Una manera de superar esa brecha entre las expectativas y la realidad es proyectar la culpa en otros, racionalizar nuestra responsabilidad personal y justificarnos, o hundirnos en el cinismo. Otra manera, tampoco beneficiosa, es simplemente tirar por la borda nuestras expectativas y abandonar cualquier esperanza de un futuro mejor. Ambos son subterfugios y nos paralizan.

Los líderes consagrados llenan esa brecha con fe y con un plan dado por Dios. La fe es un don del Espíritu de Dios tanto como una decisión personal de confiar en Él, a pesar de las circunstancias visibles. Tiene profundas raíces en nuestra espiritualidad. Un plan dado por Dios es lo que nos permite avanzar, con la vista fija en lo que podemos hacer y no en las cosas que no podemos controlar.

Así como confiamos en ver crecer a la iglesia de Cristo, el rey David confiaba en ver edificado el templo de Dios. Pero también tenía planes concretos inspirados por el Espíritu que entregó a Salomón: «También le entregó [David a Salomón] el diseño de todo lo que había planeado para los atrios del templo del Señor» (1 Crónicas 28:12).

Esos planos comprendían la organización del culto, el diseño de las estructuras y la coordinación de las tareas, y todo conforme a lo que Dios le había dado a conocer. Al final, la visión de David fue llevada a cabo por su hijo. Cuando completó la construcción del templo, ya no hubo más brecha entre el ideal y la realidad. Como líderes en el ministerio, el Espíritu Santo también nos revela planes para sistemas y estrategias de organización, que trabajarán en paralelo con nuestra fe hasta que la visión se convierta en realidad. A continuación exploraremos esos planes.

CAPÍTULO 4

La supervisión

«Todo esto —dijo David— ha sido escrito por revelación del SEÑOR, para darme a conocer el diseño de las obras».
1 Crónicas 28:19

Ser un líder es más que procurar sobrevivir para llegar al domingo siguiente, o aguantar una reunión más de junta, o responder a otra crisis más. El liderazgo tiene ante sí la perspectiva de conjunto. Vislumbra el futuro y señala la dirección que se debe tomar. El liderazgo alienta a la gente y le ayuda a desarrollar al máximo todo el potencial que Dios le dio. Estimula a la gente a trabajar en equipo, y da un paso al costado si con eso ayuda a otros a usar sus dones para el ministerio. El líder se aferra a la fe cuando todos los demás se ponen nerviosos.

Pero ¿cómo lo hace? ¿Cuáles son los elementos más importantes que los líderes en el ministerio tendrían que tener siempre presentes para que la gente progrese y pueda así cumplir los propósitos de Dios?

En Lucas 6:12–19 vemos a Jesús en su rol de líder. En ese pasaje, en tres episodios sucesivos, en un momento crucial de su ministerio terrenal, Jesús ejemplificó tres características primarias del liderazgo en el ministerio, válidas para todas las épocas: son cualidades *espirituales, de relación* y *de misión*. Constituyen el punto de partida para comprender la tarea de supervisión que nos compete como líderes en el ministerio.

El liderazgo en el ministerio es espiritual

«Por aquel tiempo se fue Jesús a la montaña a orar, y pasó toda la noche en oración a Dios» (Lucas 6:12).

Lo primero que Jesús hacía, antes que nada, era incorporar siempre la dinámica espiritual en su liderazgo: cuarenta días de ayuno antes de comenzar su ministerio, noches de oración durante su ministerio y una vida en comunión inquebrantable con el Padre a lo largo de su ministerio. En este pasaje de Lucas 6:12, Jesús oró toda la noche antes de dar un importante paso como líder.

Los líderes en el ministerio tienen la responsabilidad central de supervisar y cultivar la vitalidad espiritual. Para la iglesia primitiva, eso significó reunirse en el aposento alto antes de salir a la plaza pública, el día de Pentecostés y el inicio de un ministerio que cambiaría el mundo; los primeros cristianos vivían fervientemente buscando a Dios sin importar lo demás. Así como nosotros necesitamos tener un centro espiritual saludable en la vida, también lo necesitan los ministerios que dirigimos. Dependemos por entero de la obra del Espíritu Santo en nosotros. El liderazgo en el ministerio implica asociarnos con Dios.

En una época en que mi propio ministerio pastoral parecía estancado el Señor me guió para que fuera al templo varios días por semana, a caminar por entre los bancos, y a quedarme una hora orando en el Espíritu. A la iglesia le iba bien, pero mi creatividad se había agotado y no se me ocurrían ideas nuevas. Aunque la situación era buena, tenía dificultades para visualizar cómo guiar a la iglesia al siguiente nivel.

Al caminar obedientemente dentro de aquel templo y orar en lenguas, el Señor me permitió encontrarme con Él, cuando yo ya no sabía qué hacer. Él tomó la carga que sentía por el futuro de la iglesia, y se la puso al hombro. El Espíritu Santo oró a través de mí la mente del Padre (Romanos 8:27) cuando mi mente no sabía por qué cosas orar. En los años siguientes, sentí que dirigir a aquella iglesia casi no requería esfuerzo de mi parte: nunca había sentido algo así.

El liderazgo que ejemplificó Jesús es ante todo espiritual. Es orar sin cesar, tener fe, y mantenerse lleno del Espíritu Santo. Es ver cómo la gente se encuentra con Dios y observar cómo su Espíritu obra cosas para las que no tenemos explicación humana.

El liderazgo en el ministerio es relacional

«Al llegar la mañana, llamó a sus discípulos y escogió a doce de ellos, a los que nombró apóstoles» (Lucas 6:13).

Jesús sabía que no bastaba con predicar a grandes multitudes si quería contribuir a su misión más importante. En su libro clásico, *Plan supremo de evangelización*, Robert E. Coleman escribe: «Mientras que la iglesia busca métodos para mover multitudes, Dios busca hombres [y mujeres] a quienes las multitudes seguirán».[13] A Dios lo que le importa es la gente. Por eso, inmediatamente después de pasar toda la noche en oración, Jesús escogió a doce hombres para que lo acompañaran y con quienes compartir su autoridad.

Varias veces he oído de boca de una persona que fue un gran mentor en mi vida, el Dr. George Wood, decir que «el ministerio fluye a partir de las relaciones». El reino de Dios es en esencia una cuestión de relaciones. Jesús lo comprendía y vivía en conformidad. Cuando aceptamos una tarea de liderazgo, también necesitamos asumir la responsabilidad que implica estar rodeado de gente que nos conoce bien, que saben orar específicamente por nosotros y que saben trabajar codo a codo en el ministerio. No nos atreveríamos a dirigir solos.

Rodearse de las mejores personas para obrar bien es una de las tareas más difíciles y más importantes que hacemos como líderes, con la única excepción de la oración. Si tener personas de personalidad fuerte en nuestro equipo hace que nos sintamos intimidados, nos aferraremos demasiado a nuestro ministerio y tenderemos a ser excesivamente controladores. Esto restará fuerzas y desmotivará a los más dotados, y eventualmente podría alejarlos. Como dijo una vez un pastor amigo: «Elegimos a las personas más inteligentes de nuestra iglesia y les asignamos las tareas más mecánicas».

A pesar de nuestras inseguridades, hay una mejor manera de guiar a la gente, y Jesús nos dejó el ejemplo. Casi al comienzo de su ministerio, Él decidió procurar un equilibrio entre el ministerio a las multitudes y el tiempo que dedicó a un pequeño círculo de doce líderes potenciales. El fuego del Espíritu Santo con poder para llevar adelante el ministerio descendería más adelante sobre ellos en Pentecostés, y la iglesia de Jesús comenzaría a crecer.

En esencia, Jesús tomó la decisión de ministrar no solo a la gente, sino también por medio de la gente. Hasta el día de hoy, el crecimiento de muchos ministerios depende de esta decisión crucial en el liderazgo. Para Jesús, significó una relación intencional con sus discípulos, en todas sus dimensiones: camaradería, formación y responsabilidad. Hoy lo llamaríamos cultivar relaciones y redes. Como líderes en el ministerio, una de nuestras responsabilidades claves de supervisión es cultivar las relaciones con las personas que dirigimos y facilitar redes de relaciones entre aquellos a quienes lideramos.

El liderazgo en el ministerio es misionero

Inmediatamente después de pasar la noche en oración y haber escogido a sus colaboradores más cercanos, Jesús «bajó con ellos» a encontrarse con la multitud, según Lucas 6:17. Había llegado mucha gente «para oírlo y para que los sanara de sus enfermedades. Los que eran atormentados por espíritus malignos quedaban liberados; así que toda la gente procuraba tocarlo, porque de él salía poder que sanaba a todos» (6:17–19). El liderazgo espiritual y relacional también debe llegar a ser un liderazgo misionero. El centrarnos solo en lo que tenemos, sin visión para evangelizar no es lo que Dios quiere, y es fatal para nuestro futuro.

En Hechos 1:8, Jesús claramente ligó el Espíritu con la misión: «Pero cuando venga el Espíritu Santo sobre ustedes, recibirán poder y serán mis testigos tanto en Jerusalén como en toda Judea y Samaria, y hasta los confines de la tierra». No podemos tener una identidad pentecostal si no hacemos de la misión una prioridad y actuamos en consecuencia. El bautismo del Espíritu Santo no es solo para hacernos sentir bien. El Espíritu nos envía al mundo y nos da las herramientas y el poder que necesitamos para evangelizar y hacer discípulos para Cristo.

El gran pastor misionero canadiense, Oswald J. Smith, escribió en su persuasivo libro, *The Cry of the World* [El clamor del mundo]: «Deberíamos haber tenido siempre presentes los mandatos de nuestro Señor después de su resurrección. Deberíamos haber evangelizado al mundo. La existencia de la iglesia no tiene sentido si no lo hacemos. No hay razón para tener iglesias si no evangelizamos a los perdidos que nunca oyeron el evangelio.»[14]

Todo ministerio necesita una misión. Los líderes eficaces en el ministerio nunca pierden de vista eso y nunca dejan de trabajar hacia esa meta. Sienten la responsabilidad de hacer lo que sea necesario para quitar los obstáculos que les impiden llegar a la gente perdida y agobiada. Los líderes misioneros no tienen reparos en procurar resultados, solucionar problemas y encontrar la mejor manera de hacer las cosas, nunca se refugian en lo previsible, lo conocido y lo seguro. Jesús dijo: «Vayan». Los líderes, entonces, se niegan a quedarse sentados.

El liderazgo en el ministerio también se interesa en la organización

Hasta ahora hemos visto que Jesús ejemplificó un liderazgo en el ministerio que era espiritual, relacional y misionero, y así nos proveyó un esquema estratégico para nuestras propias prioridades de supervisión como líderes. Pero se requiere, además, *una estructura organizativa* que conecte funcionalmente los aspectos espirituales, de relación y de misión. Constituye el cuarto objetivo de un líder.

Uno de mis versículos favoritos sobre el liderazgo es el siguiente:

«Se alista al caballo para el día de la batalla, pero la victoria depende del SEÑOR». Proverbios 21:31

Es una imagen de una sociedad holística entre el Espíritu de Dios y nuestra mayordomía. El énfasis está bien puesto. No hay ninguna victoria sin el Señor. Sin embargo, «alistar el caballo» para la batalla es la parte que nos compete. Los buenos sistemas administrativos por sí solos no traerán avivamientos ni renovaciones espirituales, pero sin algún tipo de estructura, será imposible tener un ministerio sustentable que conserve los frutos de la renovación.

Un joven y exitoso empresario que formaba parte de la junta de la iglesia me explicó: «No soy necesariamente más inteligente que el resto de la gente, solo me organizo mejor». Muchas de nuestras fortalezas personales como líderes en el ministerio quizás hagan que nos sintamos más inclinados hacia las áreas del cultivo de relaciones y el cuidado pastoral. Sin embargo, hay algunos elementos básicos de organización necesarios para el liderazgo que se pueden aprender, sin dejar por eso de ser fieles a nuestra personalidad y a la unción de Dios sobre nuestra vida. La clave es la *intencionalidad*. Hay una profunda diferencia entre *liderar* y simplemente *responder*. Ser intencional es la diferencia.

Estar preparado para enfrentar las emergencias y no dejarse enredar en distracciones es parte inevitable de la vida de cualquier líder. El buen liderazgo es más que dedicarse a solucionar una crisis tras otra todo el tiempo. Es decidir desde el principio, o cuanto antes, cuáles son las cosas más importantes que deberíamos estar haciendo y luego tener la suficiente determinación de no sacrificar esas prioridades cuando surjan asuntos de importancia secundaria. La diferencia estará dada por la capacidad que tengamos para salir de la modalidad reactiva y contar con un sistema, o estrategia, que nos permita permanecer enfocados en nuestro rol clave como líderes.

La primera de las Cuatro Leyes Espirituales[15] desarrollada por el Dr. Bill Bright, es famosa: «Dios te ama y tiene un plan maravilloso para tu vida». Por desgracia, en mi trabajo como pastor descubrí que había mucha gente en mi vida que también me amaba y que tenía un plan maravilloso para mi vida. El buen liderazgo requiere programar nuestras prioridades antes de que otra gente llene nuestras agendas con las suyas. Para eso se requiere voluntad, intencionalidad.

Veamos cómo se articula todo esto.

ES-M-O-R: Espíritu, Misión, Organización y Relación

Tomaré los cuatro componentes básicos del liderazgo en el ministerio que hemos venido explorando (espíritu, relación, misión y organización) y los reagruparé en el «esmor» del liderazgo.

ES—espíritu
M—misión
O—organización
R—relación

Estos cuatro elementos **ES-M-O-R** son centrales para la vida y la función de todas las organizaciones, desde los grupos pequeños de estudio bíblico hasta una iglesia institucionalizada o una empresa como General Electric.[16]

- El **ES**píritu alude a la unción y la actitud del grupo de ministerio, incluyendo su energía y visión.

- La **M**isión apunta al propósito misionero de ese ministerio y responde a la pregunta: «¿Para qué estamos aquí?».

- La **O**rganización define la estructura administrativa, e incluye a quiénes la dirigen y sus funciones.
- La **R**elación se refiere a las redes personales y solidaridad dentro del grupo del ministerio.

En el ciclo de vida de un ministerio, los elementos del **Es**píritu (**ES**) y de **R**elación (**R**) generalmente son fuertes en las etapas iniciales. Por ejemplo, cuando comienza un grupo pequeño de estudio bíblico o una nueva iglesia, hay un fuerte sentido de que Dios está obrando(**ES**) y la gente se entusiasma con unirse para participar de esa nueva aventura (**R**). A medida que el grupo madura, las cuatro áreas (**ES-M-O-R**) alcanzan su plena expresión, conforme se va puliendo la organización y se afina la misión. Ese es el punto al que aspiran todos los ministerios saludables.

Sin embargo, con el paso del tiempo, se instalan las fuerzas de decaimiento, sin capacidad de reanimación. Los factores del **Es**píritu (**ES**) y de **R**elación (**R**), que dotaban de energía al ministerio en las primeras etapas, suelen ser los primeros en decaer. Las reuniones del grupo se convierten en rutinarias y previsibles. Luego, desaparece progresivamente el sentido de la **M**isión (**M**). Los integrantes del grupo se olvidan de la razón de ser del grupo, y si continúan asistiendo es solo por razones personales. Finalmente, cuando ya prácticamente no queda otra cosa que la mecánica sin vida de la **O**rganización (**O**), llega la muerte.

Para evitar llegar a esta situación, los cuatro componentes **ES-M-O-R** necesitan estar influidos o guiados de manera tal que produzcan renacimiento y renovación. En su libro, *Managing the Congregation* [Administración de congregaciones], Shawchuck y Heuser nos ayudan con dos observaciones:[17]

1. Dirigimos los cuatro componentes como líderes en el ministerio.

Esta observación me ha sido muy útil para simplificar cómo entiendo lo medular de mis responsabilidades de supervisión en mi carácter de líder. El ministerio es como un pulpo con muchos tentáculos, y las iglesias suelen ser organismos bastante sofisticados, complejos e interactivos. Pero todos los días, cuando me levanto, sé que como líder tengo que concentrarme, en realidad, solo en cuatro cosas: el **ES**píritu del grupo, su **M**isión, su **O**rganización y las **R**elaciones. El plan para ello no es necesariamente complicado, pero dirigir esas cuatro áreas es la tarea del liderazgo. Mantenerse enfocado en ellas, sin distracciones, es el reto para el líder.

2. Cambiar uno de los componentes cambiará también a los otros tres. Todos los componentes del **ES**-**M**-**O**-**R** efectivamente interactúan entre sí, como en un sistema. Una premisa clave de la teoría de los sistemas es que un cambio en uno de los elementos del sistema eventualmente afectará también a todos los demás elementos del sistema.

Cuando me convertí en pastor de la Asamblea Central, la congregación quería evangelizar más en los barrios cercanos a la iglesia. Una de las fortalezas de la iglesia eran las misiones mundiales y mi predecesor, el Dr. David Watson, había cultivado un sentido maravilloso por llevar el evangelio a los perdidos. Para mí estaba claro que la «misión» (**M**) era el componente **ES**-**M**-**O**-**R** que debía enfatizar durante mi primer año allí.

Hacer ajustes a la misión (**M**), no obstante, afectó toda la vida de la iglesia. Nuestro primer programa de evangelización en la escuela secundaria al lado del templo fue el catalizador de una evidente renovación de espíritu (**ES**) en la iglesia. En cierto momento, mientras algunos estudiantes de esa secundaria participaban en uno de los cultos dominicales, sentí una liberación en el reino espiritual, como si Jesús nos estuviera sonriendo. Los programas de evangelización que comenzaron a prosperar a partir de ahí también implicaron cambios inequívocos en nuestros sistemas de organización (**O**) y nuestras redes de relaciones (**R**). El liderazgo requirió ser asumido por gente nueva y personas que apenas se conocían comenzaron a vincularse por primera vez en equipos de evangelización.

En resumen, un deliberado ajuste a la misión **M** trajo aparejado un crecimiento en las dimensiones **ES**, **O,** y **R** de la vida de la iglesia. Esos cuatro componentes del ministerio, por diseño de Dios, son inseparables. Nuestra función como líderes es dirigirlos, administrarlos, gestionarlos. Lo hacemos de manera estratégica, con la dirección de Dios, conforme escuchamos al Espíritu Santo, evaluamos las necesidades de los ministerios que dirigimos y discernimos cuál de los cuatro componentes **ES**-**M**-**O**-**R** será la prioridad en determinado momento. De lo que sí podemos estar seguros, sin embargo, es que cualquier cambio en uno de los componentes traerá aparejados cambios en los otros tres.

Un ejercicio de planificación en equipo

A continuación, presento un ejemplo de cómo se pueden usar estos cuatro componentes claves del liderazgo en un ejercicio de planificación estratégica. He incluido dos preguntas de evaluación para cada una de las cuatro áreas **ES-M-O-R.** Estas sugerencias constituyen un posible punto de partida, aunque las preguntas pueden ser otras según la especificidad de cada ministerio. La meta es llegar a discernir cuál de estos cuatro elementos del ministerio necesita «un nuevo nacimiento».

Como a menudo nos resulta difícil ver más allá de nuestros puntos ciegos y perspectivas personales, mi sugerencia es que respondan estas preguntas con un grupo de miembros claves del equipo y personas influyentes en el ministerio: siempre acompañados de oración, ayuno y oído atento al Espíritu Santo. Las respuestas tal vez requieran tanto humildad como coraje, pero el proceso puede llevar a determinar los siguientes pasos que se requieren para transformar intencionalmente el ministerio que se dirige.

Espíritu... unción y visión
¿Qué nos ha venido diciendo Dios en los últimos tiempos?
¿Qué cosas podrían estar frenando el Espíritu de Dios entre nosotros?

Misión... evangelización y resultados
¿A quiénes debemos llegar y retener?
¿Qué fortalezas tenemos para llevar a cabo esa tarea?

Organización... estructura y líderes
¿Están las personas indicadas haciendo bien las cosas?
¿Cómo podemos incrementar nuestros recursos financieros?

Relación... redes y cuidado
¿Cómo se cuidan unos a otros personalmente?
¿Cuál es nuestro camino para la gente nueva?

CAPÍTULO 5

El proceso estratégico

«Más bien, al vivir la verdad con amor, creceremos hasta ser en todo como aquel que es la cabeza, es decir, Cristo».
EFESIOS 4:15

En el fondo, si asumimos la dirección de un ministerio necesitamos tomar la iniciativa de supervisar y administrar las dimensiones espirituales y misioneras, y la organización y las relaciones del ministerio que dirigimos. Lo hacemos en asociación con Cristo, el edificador de iglesias por excelencia, conforme permanecemos dependientes del Espíritu Santo.

¿Qué significa eso en términos de tareas de liderazgo estratégicas y concretas, que hacen avanzar los ministerios y a la gente? Quisiera esbozar una respuesta con siete frases que, tomadas en conjunto, conforman una matriz para el ministerio, o una filosofía para el ministerio se podría decir. Asociadas a cada afirmación hay dos acciones claves, de índole práctica, así como la pregunta fundamental que cada paso pretende responder.

Somos *modelo de servicio:* miramos y escuchamos (¿Por qué soy líder?)

Como líderes estamos al servicio del potencial espiritual de quienes nos rodean. Un domingo, me di cuenta de algo que quizás es obvio: *La gente no viene a la iglesia para que yo pueda predicar, por más que eso me agrade, sino que predico a fin de que la gente que viene esté preparada para dar un paso más hacia la meta de ser todo lo que Cristo quiere que sean.* En otras palabras, estoy al servicio de su potencial.

Aunque las estrategias de liderazgo generalmente comienzan con la proyección de la visión (el tercer paso), el verdadero liderazgo en el ministerio realmente comienza con pensar y actuar como un siervo. Si todos están convencidos de que nosotros, como líderes, estaremos allí para *ellos*, y no para nosotros, no habrá ninguna necesidad de manipulación ni de control para influir en la vida de quienes nos siguen. ¿Cómo no desearán seguir a alguien que los ama y que quiere de corazón lo mejor para ellos?

> Al igual que Jesús, como verdaderos líderes espirituales necesitamos concentrarnos en animar y agregar valor a la gente que nos rodea, y no a usarla para satisfacer nuestras propias necesidades.

Nuestras motivaciones afectarán profundamente cómo encaramos el liderazgo. Nunca deberíamos proponernos ser líderes porque necesitamos que alguien nos necesite, o porque dependemos del estímulo y el refuerzo a nuestro ego que brinda el liderazgo. Tampoco deberíamos ser líderes por cuestiones de recibir un salario, posición, popularidad, privilegios ni por orgullo. Las motivaciones egoístas al final socavarán nuestra credibilidad como líderes. En cambio, al igual que Jesús, como verdaderos líderes espirituales necesitamos concentrarnos en animar y agregar valor a la gente que nos rodea, y no a usarla para satisfacer nuestras propias necesidades.

Los líderes en el ministerio quedan así en la actitud de estar siempre *mirando* y *escuchando*. Siempre observamos lo que está pasando alrededor nuestro y pensamos qué podríamos hacer para que las personas y los ministerios mejoren. También escuchamos más que lo que hablamos: una disciplina útil, pero todo un reto para quienes tienes dones naturales para el liderazgo. Por último, a pesar de nuestro cargo o título, levantamos los papeles del piso, ayudamos a ordenar las sillas después de las reuniones y nos quedamos un rato más con la gente... aun cuando preferiríamos regresar rápido a casa.

Determinamos *las actitudes*: tenemos esperanza y elogiamos (¿Cuáles son mis ansiedades?)

Las actitudes son contagiosas. A menudo les recuerdo a los miembros del personal y los líderes voluntarios con quienes trabajo que antes de poder dirigir con conductas, dirigimos con la actitud. Si un grupo tiene una actitud negativa, por un tiempo le doy el beneficio de la duda, pero al final, le pido cuentas al líder. La gente se contagia de nuestra actitud. Probablemente el peor error que alguna vez cometí en el liderazgo fue ser tolerante con actitudes negativas simplemente porque los líderes se destacaban en otras cosas. Hubiera sido mejor dejar de contar con ellos que mantenerlos y dejar que envenenaran el ambiente.

Después de una noble motivación para el liderazgo, los líderes necesitan tener una actitud adecuada. Como líderes en el ministerio, tenemos una *esperanza* tenaz en el futuro: nos tenemos fe, pero al mismo tiempo promovemos la fe y la confianza en quienes nos rodean. También respetamos a la gente. Las visitas no se perciben como amenazas, sino como un deleite. Las personas con problemas no nos atemorizan, sino que las aceptamos. Y, sin ser innecesariamente ingenuos, tendemos a confiar en la gente antes que a sospechar de ellas.

Manejar nuestras actitudes nos obliga a enfrentar nuestras propias ansiedades. ¿Podemos no ponernos ansiosos a pesar de la inseguridad y la ansiedad que nos rodea? En la teoría del liderazgo, esto se conoce como la autodiferenciación: la fuerza interior que impide a los líderes sucumbir ante los temores y las actitudes negativas de todos los demás.[18] Expresado en términos bíblicos, hablamos de *fe* y *coraje*. Ser un líder tranquilo no nos torna insensibles a la gente ni poco dispuestos a hacer ajustes a nuestros planes, pero sí nos mantiene centrados en la misión y libres de la necesidad de agradar siempre a todo el mundo. Esto, a su vez, promueve una sensación de seguridad y estabilidad en la mayoría de quienes nos siguen.

Proyectamos *la visión*: comunicamos y vinculamos (¿Hacia dónde vamos?)

La visión es una palabra con rasgos «visuales», y *proyectar una visión* es, de alguna manera, describir con imágenes el futuro. En este momento, estamos en el punto A, pero el Espíritu de Dios no quiere que nos quedemos indefinidamente en el punto A. Limitarnos a preservar y mantener en buena condición el punto A sería un liderazgo *transaccional*. Sin embargo, comprendemos que siempre habrá un punto B allí en nuestro futuro si Jesús obra en nosotros. La visión consiste en describir cómo sería ese punto B. Para llegar ahí, se requiere un estilo de liderazgo *transformacional* que se funda en dos elementos esenciales:

1. **Un compromiso con la misión por encima de mantener el estado actual de las cosas**—Estamos al servicio de las necesidades de las personas, pero nos negamos a hacer meramente eso. Proyectamos una misión atrayente, no limitada a nosotros, sino una misión que nos trasciende a todos. La visión, entonces, es una descripción de cómo serán las cosas dentro de unos años si efectivamente trabajamos juntos para llevar a cabo la misión.

2. **Un vínculo entre la visión y los valores**—Si la visión que proyectamos no se vincula con nada de lo que la gente siente que es importante, se la ignorará. Sin embargo, deberíamos evitar apresurarnos a juzgar a la gente si no aceptan inmediatamente la visión. En cambio, conviene suponer que, en el fondo, la gente quiere ver crecimiento en el reino de Cristo, quiere tener una vida mejor y quiere que sus aportes incidan. Confirmemos, pues, esa suposición y luego vinculemos todo el cuadro de un futuro mejor (la visión) con esos deseos (valores).

Luego, comuniquemos la visión, vez tras vez, y otra vez. El viejo adagio del liderazgo todavía es válido: Cuando nos cansamos de escucharnos hablar de la visión, la mayoría de la gente recién está comenzando a darse cuenta de qué intentábamos comunicar. Comuniquemos cuadros verbales del futuro. Hay que destacar las historias de vida de aquellas personas cuya vida y ministerios hoy están comenzando a parecerse a lo que el futuro podría depararnos a todos. Evitemos hablar meramente sobre buenas intenciones que nunca parecerían materializarse, y sigamos recordándoles a todos la persona que pueden llegar a ser en Cristo. Y, de ser posible, usemos símbolos tangibles para que la gente tenga siempre presente la idea de ese futuro.

Cuando fui pastor del centro cristiano Newport-Mesa en California del Sur, el Señor me dio una imagen de nuestro futuro en forma de una talla que encontré en una tienda de *souvenirs* de Belén, durante un viaje a Israel. Era de los dos espías israelitas cuando regresaban de la tierra prometida, cargando sobre sus hombros una rama de la que colgaban grandes racimos de uva. Hicimos una gran enramada de uvas, lo colgamos de una vara y lo dejamos más de un año en la plataforma de la iglesia. A medida que nos embarcábamos en nuestro viaje de fe como congregación, esa fue la visión del futuro que Dios nos daría, su providencia, abundancia y favor divino.

Desarrollamos personas: capacitamos y motivamos (¿Están creciendo y sirviendo las personas?)

Hay demasiados líderes que gastan casi toda su energía en exhibir sus propios dones, mientras que los seguidores se vuelven dependientes de ellos. Sin embargo, ser líder de un grupo de personas significa capacitarlas para el ministerio y motivarlas para que desarrollen a pleno su potencial.

Por desgracia, fui pastor durante muchos años antes de detenerme a pensar en cómo quería que fuera la gente si participaban de la vida de la congregación y me escuchaban predicar todas las semanas durante cinco años. Sin esa idea, predicaba y lideraba sin tener en mente ninguna meta de desarrollo concreta para la gente. Mis sugerencias de aplicación práctica eran débiles, y la gente se cansó de que les dijera de manera vaga e indefinida que lo que hacían todavía era insuficiente. Tenía que equilibrar la «inspiración» con la «aplicación».

> **«¿Cómo quiero que sean las personas a quienes pastoreo dentro de cinco años?»**

Como Jesús quiere que su iglesia *crezca* para asemejarse a Él, recurrí a una serie de adjetivos como respuesta a esa pregunta: «¿Cómo quiero que sean las personas a quienes pastoreo dentro de cinco años?». Todas las semanas puse lo siguiente en el boletín de noticias dominical y lo enseñé en todas las clases para los miembros nuevos.

Generosos de corazón—Como administradores de nuestro tiempo, talentos y tesoros, procuraremos ser personas que sirven sin reservas, dan pródigamente y son solidarias hasta el sacrificio. *Queremos ser conocidos por lo que damos, no por lo que recibimos. Y queremos dar con gozo.*

Ricos en relaciones—Como reconocemos la necesidad que Dios nos dio de tener relaciones afectuosas, procuraremos asumir nuestro compromiso con nuestras amistades y familias, redes de grupos pequeños y equipos de ministerio eficaces. *Queremos ser un lugar donde la gente sea más importante que los programas y los vínculos sean más importantes que los eventos.*

Centrados en el otro—Ante la enorme necesidad que el mundo tiene de conocer a Cristo y experimentar el poder de su amor, procuraremos ser una iglesia que no existe solo para sí misma. *Queremos ser una iglesia cuya dirección está determinada por nuestra misión de evangelizar a la gente, no por nuestras preferencias personales.*

Centrados en la adoración—Como fuimos creados por la mano de Dios para vivir para su gloria, procuraremos tener estilos de vida llenos del Espíritu Santo, que honran a Dios en pureza y alabanza. *Queremos que nos importe más el encuentro con la presencia de Dios que la simple diversión.*

Cada área podría, a su vez, asociarse con metas específicas de discipulado de año a año. A medida que prioricé en la congregación las dimensiones espirituales, de misión, organización y relación, y conforme predicaba cada semana, estas áreas me permitieron contar con un sentido de dirección para aplicar el evangelio a la vida de cada persona y así desarrollar la vida comunitaria en su conjunto.

Compartimos la autoridad: convocamos y empoderamos (¿Quiénes son los líderes?')

Después de orar y tener fe, encontrar las personas más indicadas para las tareas es lo que más trabajo requiere. Sin embargo, cuando lo conseguimos, los ministerios se transforman. La experiencia nos ha mostrado que aumentar los líderes voluntarios en una iglesia de 5-7 % a 12-15 % entre todos los asistentes activos es un evidente catalizador para el crecimiento de la iglesia: en parte porque aumenta la capacidad de llevar adelante el ministerio, más allá de lo que podría hacer un pastor asalariado y un puñado de voluntarios sobrecargados.

En los primeros años de mi ministerio aprendí que el proceso de empoderamiento puede esquematizarse en una manera simple, pero útil:

- Yo lo hago, y tú observas.

- Yo lo hago, y tú ayudas.

- Tú lo haces, y yo ayudo.

- Tú lo haces, y yo observo.[19]

Si nuestras inseguridades han de interferir en algún punto, probablemente es en este último. Compartir el liderazgo con otros es un paso que a muchos líderes en el ministerio les resulta extremadamente difícil. Es demasiado fácil dejarse llevar por nuestros instintos de autoprotección y sentirnos amenazados por las personalidades fuertes que nos rodean. Sin embargo, ¿qué pasaría si realmente trabajáramos para aumentar la capacidad de liderazgo de las personas alrededor nuestro y, por tanto, incrementar así la capacidad de liderazgo de todo el ministerio? Nuestra influencia podría tener un efecto multiplicador más allá de nosotros. No solo estaríamos rodeados de ayudantes, sino de personas que son «ministros» en el verdadero sentido del término.

Necesitamos poner nuestras inseguridades al pie de la cruz y, en algún momento, confiar en la gente y darles responsabilidad. La capacidad de ellos para el liderazgo no crecerá sin esto. Aun si nos hemos quemado en el pasado, debemos resolver dejar de ministrar «a» la gente y comenzar a ministrar «por medio de» la gente. Es el camino que Jesús nos señaló.

Los siguientes tres pasos son críticos.

1. CONVOCAR

Convocar a los líderes con potencial para el liderazgo es más que hacer un anuncio un domingo de mañana. Las llamadas telefónicas, los diálogos constantes con la gente en la entrada del templo y un rubro para los almuerzos también son parte del plan. Comencemos por escuchar los deseos de la gente, y luego asociemos sus entusiasmos y sueños con los siguientes pasos que podrían dar hacia el liderazgo. Se requiere también contar con plazos para que vayan asumiendo compromisos, de ser posible que comiencen como líderes ayudantes.

2. EMPODERAR

La clave aquí es delegar *autoridad*, no tareas. Si asignamos tareas sin dotar a las personas encargadas de la autoridad (y también los recursos) para llevar a cabo las tareas, seremos propensos a los fracasos. Las responsabilidades tienen que ser claras, pero también el grado de confianza depositado en los encargados. Confiemos en que sabrán tomar decisiones, usar el dinero y enseñar a los demás. Luego capacitémoslos y dejemos que hagan la prueba. Resistamos la tentación de hacer a sus espaldas el trabajo que les encargamos porque les restaríamos poder.

3. APOYAR

Es el paso para coronar el empoderamiento. Cuando alguien asume una posición de liderazgo, no nos borremos del mapa. Los equipos de apoyo en el liderazgo se brindan apoyo mutuo y posibilitan los diálogos pastorales constantes con los líderes novatos. Esas reuniones de los equipos de liderazgo deberían ser prioridades en nuestras agendas. Implica responder los correos electrónicos de los líderes en tiempo y forma, tener la iniciativa de llamarlos por teléfono y orar mucho por ellos.

Exigimos excelencia: evaluamos y mejoramos (¿Estamos cumpliendo nuestra misión?)

La excelencia no debería confundirse con la perfección. La perfección solo produce frustración en la gente. Sin embargo, en cualquier grupo de ministerio, alguien tiene que determinar qué estándares de desempeño serán aceptables y cuáles, no. ¿Se aceptará que el líder de un grupo pequeño no asista a una reunión sin avisar a nadie? ¿Habrá que adherirse estrictamente a los presupuestos? ¿Los eventuales problemas en el estilo de vida de un líder podrían obligarlo a renunciar al liderazgo? ¿Qué se hará con la incompetencia? En todos estos casos, y miles de otros más, en definitiva, es responsabilidad del líder determinar estos estándares y requerir que los demás hagan lo mejor posible.

Algunos de los momentos más dolorosos en el liderazgo son cuando necesitamos tener una conversación difícil con alguien que no está a la altura de los estándares aceptables. En esos momentos necesitamos sabiduría y coraje del Espíritu Santo. No obstante, debemos darnos cuenta de que evitar la confrontación también tiene consecuencias. Lo que está en juego es la misión de Cristo, y mucha gente podría ser impactada negativamente si no hacemos nada. A veces, al final podríamos lastimar a todos solo por proteger a uno, o a nuestra persona.

Cuando estas incómodas conversaciones se hacen necesarias, me guío por lo siguiente: confrontar con preguntas y enseñar con sugerencias. Si comenzamos por confrontar con acusaciones (como «esta vez sí que metiste la pata» o «tienes un espíritu rebelde», o «no sirves para esto») lastimaremos a la gente y levantaremos un muro. Sin embargo, si hacemos preguntas abiertas, con la intención de ayudarlos a evaluar cómo se sienten con lo que están haciendo, crearemos un ambiente más acogedor y propicio para sugerir los siguientes pasos, aun cuando la sugerencia sea que la persona debe renunciar.

Por experiencia, también aprendí que, en general, no deberíamos confrontar a nadie si no estamos resueltos a llevar el proceso a sus últimas consecuencias. En resumen, tratemos a los demás como desearíamos que nos trataran a nosotros. Escuchemos primero, y evitemos esperar más de los demás que lo que esperamos de nosotros mismos. Estemos dispuestos a tomar decisiones difíciles.

Mostramos aprecio: elogiamos y valoramos (¿Celebramos a la gente?)

Estos siete pasos del liderazgo se tornan algo más técnicos a medida que se avanza, especialmente en lo que respecta a la capacitación, el empoderamiento y la evaluación (cuatro, cinco y seis). Sin embargo, suelo decirles a los líderes que el punto de partida es hacer realmente bien el número uno y el siete. Si la gente cree que estamos allí para ellas y no para provecho propio (el servicio), y si las elogiamos y valoramos (el sincero aprecio por lo que hacen), tendremos una enorme influencia en su vida. *Querrán* seguirnos.

Personalmente, no me resulta natural escribir notas a mano, pero en mi carácter de líder me obligo a escribirlas, como manera de expresar mi aprecio por la gente. Un domingo me di cuenta de que uno de nuestros miembros estaba sirviendo de una manera en particular; el lunes le escribí una nota de agradecimiento. Pocos días después recibí una carta en la que agradecía mi nota y me decía que estaba pensando en la posibilidad de encuadrarla. ¿Por qué? Porque hacía once años que hacía ese ministerio voluntariamente, pero yo era la primera persona que se lo agradecía.

Como líderes, tal vez necesitemos dejar de contar cuántas notas de agradecimiento recibimos, pero con respecto a las personas que dirigimos, es absolutamente inaceptable que una de ellas sienta que su labor no es valorada. Deberíamos ser los alentadores más fervientes de la gente y sus simpatizantes más elocuentes. Necesitamos estar atentos para ver el potencial de la gente, verbalizar nuestro aprecio y elogiar sus esfuerzos. Las personas que lideramos están ansiosas por saber que las valoramos y que reconocemos que lo que hacen es valioso. Eso, mucho más que la crítica, será el tono que hará que todos den lo mejor de sí y los animará a superarse. En esos momentos, el liderazgo es puro gozo.

CAPÍTULO 6

Criterios para la selección de personal

«Pídanle, por tanto, al Señor de la cosecha que envíe obreros a su campo».
Mateo 9:38

Si una de nuestras funciones más importantes como líderes es conseguir las personas indicadas para llevar adelante las tareas, ¿cómo encontramos a las *personas indicadas*?

Pocas decisiones de liderazgo tienen tantas consecuencias como decidir quiénes sí, o quiénes no, integrarán nuestro equipo de líderes. Arreglar una decisión errónea puede llevar mucho tiempo, pero una buena decisión podría elevar el ministerio a nuevos niveles fructíferos. Los líderes a nuestro alrededor determinan la capacidad de liderazgo del ministerio en su conjunto y, por lo tanto, el grado en que el ministerio crecerá y cumplirá su misión. Los ministerios generalmente no crecen más allá de la capacidad de sus líderes.

Para que una iglesia rompa «la barrera de los 200», el principal líder pastoral necesitará capacitar y empoderar un equipo de liderazgo capaz de trabajar codo a codo con él o ella, como describimos en el capítulo 5. De igual modo, algunas iglesias quizás no logren romper la barrera de los 700, o la temible de los 2000, hasta tanto no realicen algún cambio en el personal que permita reemplazar a aquellas personas cuyas capacidades de liderazgo alcanzaron su tope por gente *mucho más difícil de encontrar*, capacitadas con el talento divino de saber guiar a la iglesia para traspasar esos «techos».

El proceso de seleccionar a los líderes más aptos es una tarea santa. Nos asociamos con Dios: Él llama a la gente. Después de la experiencia adquirida en treinta años de servicio pastoral, he desarrollado un conjunto de criterios, tanto intencionales como intuitivos, para ayudarme a descubrir la voluntad del Señor cuando se trata de seleccionar gente. Estos criterios pueden usarse para seleccionar líderes voluntarios claves o para contratar personal asalariado, aunque los requisitos serán más rigurosos para el personal asalariado.

Planteo los dieciséis requisitos como preguntas a las que desearía obtener respuesta, verbales o no verbales. A mi entender, las primeras tres preguntas son las más importantes: (1) madurez espiritual, (2) carácter desarrollado y (3) buenas motivaciones. Solo después de tener suficiente información sobre estas tres preguntas, paso a considerar las aptitudes y la posible afinidad del candidato con el equipo.

1. *¿Hay auténtica espiritualidad en el ejercicio de su ministerio?*

No podemos evaluar la capacidad de liderazgo sin mencionar la unción del Espíritu Santo. A menudo, en la selección de líderes, pasamos por alto la unción espiritual en que caminamos, respaldada por un estilo de vida de íntima comunión con el Señor. Sin embargo, para que el ministerio avance debe considerarse la capacidad de la persona de no perder el paso con lo que el Espíritu esté obrando y de su aptitud para trabajar en su poder divino. Estamos buscando algo más que talento.

Una de las maneras en que intento discernir esto, además de preguntas directas relacionadas con la vida espiritual personal del individuo, es crear una oportunidad para escucharlo orar en voz alta. Me dice mucho sobre el corazón de la persona y si verdaderamente «permanecer en Cristo» es su estilo de vida.

2. *¿Es una persona que me agradaría que otros imitaran?*

Una buena prueba del liderazgo es preguntarnos: «¿Me agradaría que los demás fueran como yo respecto a mi carácter, espiritualidad, actitudes y prioridades?». Para los padres, el equivalente sería: «¿Quiero que mis hijos salgan como yo?». Para los líderes que habrán de acompañarnos, la pregunta es la misma.

La formación espiritual y el aprendizaje de la vida es más que una experiencia en el aula. Requieren modelos personales y

Quién es la persona es mucho más influyente que lo que hace.

acompañamiento formativo. Quién es la persona es más influyente que lo que hace. Por lo tanto, necesitamos seleccionar como líderes a personas consagradas que nos agradaría que otros imitaran: líderes que encarnan lo que deseamos que nuestro ministerio llegue a ser.

3. *¿Qué ministerios ha desarrollado sin pago o posición?*

Esta pregunta tiene una respuesta objetiva, pero también nos da una idea de las motivaciones menos evidentes que inspiran la vida de una persona. ¿Esta persona tiene suficiente amor por Jesús y pasión por el ministerio que está dispuesta a servirle aun sin recibir ningún salario o beneficio? Si la respuesta es negativa, entonces, seguramente no sería conveniente que desempeñara una función en el personal pastoral asalariado. Lo que hacemos voluntariamente revela nuestra verdadera identidad.

Para los candidatos a líderes voluntarios, la pregunta sería del mismo tenor. ¿Han servido en el pasado sin necesidad de retribución o reconocimiento? ¿Han dado muestras de iniciativa propia para integrarse a diversos ministerios, o solo participan cuando alguien los invita? El desempeño pasado suele ser una buena herramienta para predecir la conducta futura en esta área y puede aportar información valiosa sobre las motivaciones.

4. *¿Es un buen comunicador, a nivel personal como en público?*

Ser capaz de relacionarse y comunicarse con otras personas es esencial para cumplir el amplio abanico de interacciones interpersonales en que intervienen los líderes. Los líderes influyen y motivan a los demás, en parte, porque son capaces de articular verbalmente la verdad, transmitir información, poner en palabras las expectativas de la gente, expresar aprecio, enfrentar problemas y ser sensibles a los sentimientos ajenos. Además, lo hacen siempre sin lastimar ni ofender innecesariamente a nadie.

Sin duda que esta es una de las aptitudes más complejas dentro del arsenal de un líder. Se puede intentar evaluar en parte, la competencia de un líder potencial en este aspecto, simplemente escuchándolo hablar. A menudo, cuando estamos reclutando nuevos líderes, cometemos el error de ser quienes más hablamos. En cambio, deberíamos escuchar y prestar atención a la aptitud de esa persona de vincularse y relacionarse con nosotros. ¿Sabe conversar? ¿Nos mira a los ojos? ¿Es sensible a nuestro humor y entiende el sentido con que decimos las cosas? ¿Tiene clara la impresión que produce en usted y en otros interlocutores?

5. *¿En qué se destaca?*

Para garantizar la eficacia y la permanencia en el tiempo, las designaciones en el ministerio deben estar en conformidad con la unción y las aptitudes primarias de la persona. La clave no es encontrar solo la persona indicada, sino conseguir que esa persona haga las cosas correctas. Esas cosas que corresponde hacer deberán estar, por supuesto, alineadas con los dones primarios de la persona.

> La clave no es encontrar solo
> la persona indicada, sino conseguir
> que esa persona haga las cosas correctas.

Exploremos las funciones que esa persona cumplió en el pasado y que obtuvieron buena respuesta. ¿Cuáles son las fortalezas que perciben aquellos que más conocen al candidato, y cuánta consonancia hay entre esas fortalezas y las cosas que más lo entusiasman? En este punto será importante obtener referencias personales para determinar si hay disparidad entre las fortalezas que el candidato cree tener y las que otras personas perciben que tiene.

Lamentablemente, a pesar de todos nuestros esfuerzos, lo que una persona es plenamente capaz de realizar no es siempre inmediatamente obvio. A veces, es importante simplemente conseguir personas talentosas en nuestro equipo y dejar que sus funciones específicas se manifiesten más adelante.

6. *¿Es capaz de pensar por sí mismo o tendré que pensar por él/ella?*

Todos los candidatos que entrevistemos para un eventual liderazgo, ya sea para formar parte del personal o ser voluntario, tendrá que tomar sus propias decisiones respecto a si desean trabajar, o no, con un líder supervisor que piense por ellos la mayor parte del tiempo. No todos, especialmente los líderes con personalidad más fuerte, pueden trabajar con líderes cuyo estilo es demasiado controlador, porque sienten que no los valoran o que no se les tiene confianza.

Los líderes seguros de sí mismos, centrados en empoderar a su equipo, crean espacio para que los buenos puedan desenvolverse. En ese tipo de ambiente, los nuevos líderes con potencial necesitan tener la capacidad de pensar dentro de los parámetros de la misión, aportar nuevas ideas y contribuir creativamente al todo. También necesitan ser capaces de asumir la responsabilidad de sus errores, entender que tendrán que rendir cuenta de sus acciones y respetar a las autoridades para quienes trabajan.

7. *¿Es perezoso, o tiene un firme compromiso ético de trabajo y vitalidad personal?*

¿El candidato es capaz de seguir activo aun cuando la tarea que se requiere de él no sea muy interesante? ¿Se sienten más motivado por las cosas que le agrada hacer que por un sentido de responsabilidad? ¿Tiene un historial de trabajo esforzado? o ¿alguna vez ha colaborado con una firme disciplina para el trabajo? El trabajo no es una idea anticuada; las personas perezosas en el equipo arrastrarán a todos.

El otro lado de esa moneda es la cuestión de la vitalidad y la resistencia. ¿Han desarrollado la capacidad de tolerar la fatiga y el estrés? ¿Tienen la salud necesaria para responder debidamente a las exigencias de la función de liderazgo propuesta? ¿Qué han hecho para mantenerse emocional y físicamente sanos?

8. *¿Tiende a atraer a la gente y hacerse querer, o es propenso a crear conflictos?*

Una de las paradojas del liderazgo espiritual es que nuestro propósito debería ser agradar a Dios, no a la gente. Pero, por otra parte, para ser un líder eficaz, la gente necesita sentirse atraída por el líder, que debe ser una persona agradable y respetuosa. Los líderes en el ministerio capaces de alentar a los demás generalmente tienen personalidades encantadoras. También saben cómo ayudar a la gente para crear ambientes donde se trabaje en paz y con buena voluntad. Sus personalidades y estilos de liderazgo no generan conflictos innecesarios.

Como con las preguntas anteriores, las referencias sinceras de personas que trabajaron anteriormente con el candidato son un mejor aporte que la percepción que el candidato pudiera tener de sí mismo, que puede no ser objetiva si hubo problemas.

9. *¿Tiene la capacidad de ministrar «por medio» de la gente además de ministrar «a» la gente?*

Lo que esto implica es toda la filosofía del ministerio, no solo un conjunto de aptitudes. En 2 Timoteo 2:2, se detalla una estrategia para reproducir el ministerio, en que los líderes invierten en otros líderes quienes, a su vez, podrán capacitar a otros. Mi amigo Brady Bobbink, un pastor con vasta experiencia en el campo universitario, lo llamaba «el ir al mundo con 2 Timoteo 2:2».

Esperamos que los líderes tengan la capacidad de formar otros líderes. Para las posiciones pastorales asalariadas en los ministerios más grandes, esto es una función esencial. Los líderes en esos ambientes necesitan predicar, enseñar, organizar y cumplir sus tareas mientras dedican tiempo para capacitar a otros a hacer lo mismo. Si escuchamos hablar a los candidatos a líderes, al cabo de un rato resultará claro si tienen un instinto para ministrar «por medio de», además de «a» la gente. Los líderes con capacidad para formar otros líderes quieren desarrollar a la gente y están dispuestos a compartir su autoridad con otros.

> Los líderes con capacidad para formar otros líderes quieren desarrollar a la gente y están dispuestos a compartir su autoridad con otros.

10. *¿Sabe detectar líderes y motivar a los voluntarios?*

Si capacitar a la gente para el ministerio es una prioridad importante, esta pregunta fluye naturalmente de la anterior. Los buenos líderes tienen un olfato para detectar el potencial en otras personas. Creen en lo que Dios puede obrar a través de la gente, alientan a las personas a animarse a hacer cosas y luego las ayudan a obtener buenos resultados. Además, desarrollan una intuición para detectar a aquellos que están listos para emprender ese proceso.

¿Qué experiencia tiene el candidato en reclutar voluntarios e identificar personas con potencialidad para ser líderes? ¿Saben proyectar una visión y motivar sin ser manipuladores? ¿Cómo encaran la formación, la capacitación y la supervisión? ¿Hubieron líderes anteriores que les enseñaron a hacerlo?

11. *¿Sabe dar una crítica constructiva sin ser cínico?*

El talón de Aquiles de ser astuto, observador e idealista puede ser una tendencia a ser también cínico. El cinismo es una mezcla tóxica de un ojo crítico y un espíritu desconfiado. Al final nos deja impotentes, incapaces de creer que hay esperanza para las instituciones o para cualquier tipo de estructura jerárquica, incluidas las organizaciones de ministerio. Si no enfrentamos el hecho de que perderle la confianza a alguien produce dolor, nos convertimos en víctimas de ese dolor.

¿Cómo ha lidiado el candidato con desilusiones pasadas con la gente, especialmente con figuras en autoridad? ¿Desarrollaron un espíritu herido con el tiempo? ¿Cómo se sienten respecto a sus padres? ¿Qué opinión tienen de las estructuras denominacionales y cómo entienden que debería ser la rendición de cuentas? ¿Cómo interactúan con las personas con quienes tienen incompatibilidades filosóficas? ¿Son suficientemente lúcidos para distinguir la diferencia entre el pensamiento crítico y el cinismo en su propia vida, y cómo se expresaría eso en un equipo?

12. *¿Sabe ser respetuosamente leal a su(s) líder(es)?*

Estar dispuesto a trabajar bien en el equipo de otra persona requiere obviamente respeto y lealtad. Imagínense lo que sería tener que trabajar para alguien a quien no respetamos o no confiamos. Por otra parte, tal vez debido a sus propias inseguridades, los supervisores a veces ven deslealtad cada vez que se comete un error o al primer indicio de indagación a sus decisiones.

Aunque es un tema delicado, en ambos sentidos, la historia pasada es probablemente el mejor indicador. ¿El candidato a líder tiene un historial de estar repetidamente insatisfecho con sus supervisores? Si así fue, ¿se dan cuenta de que algunos de los problemas podrían radicar en ellos mismos? ¿Qué han hecho al respecto? Y lo más importante: ¿qué expectativas concretas tienen sobre sus supervisores?

13. *¿Sabe administrar su propio dinero, además del presupuesto de un ministerio?*

Para Jesús, la administración de los recursos era una de las responsabilidades en el ministerio. «Por eso, si ustedes no han sido honrados en el uso de las riquezas mundanas, ¿quién les confiará las verdaderas?» (Lucas 16:11). Para los líderes es algo importante. En general, todos los ministerios, grandes o pequeños, tienen algún tipo de presupuesto que requiere ser ejecutado y administrado.

Si una persona tiene debilidades respecto a la administración financiera, primero hay que determinar si se trata de un problema de personalidad que involucra derroche, gastos excesivos o algún otro tipo de falta de disciplina personal, o si se trata, en cambio, de simple desatención a los detalles administrativos o desconocimiento. Es necesario explicitar las expectativas respecto al presupuesto, describir dónde o a quién se puede solicitar ayuda y expresar claramente las consecuencias de incurrir en gastos reiterados.

14. *¿Tiene «capacidad de reacción» y sabe ser tolerante con la crítica?*

Por desgracia, el liderazgo puede ser una actividad brutal. Estamos pidiéndole a la gente que asuma un papel que las someterá a la desilusión y, posiblemente, a la crítica personal. Tarde o temprano, seguramente se sentirán heridos emocionalmente. Podrían incluso llegar al agotamiento físico y espiritual. La cuestión es determinar si un líder ha desarrollado, por lo menos a nivel básico, las aptitudes necesarias para tolerar y reponerse a la crítica.

Siempre que ponemos a alguien en una posición de liderazgo, asumimos también el compromiso inherente de ponernos a su lado y ayudarlo a obtener buenos resultados. Nos comprometemos a confiar en ellos hasta que se nos demuestre lo contrario, especialmente cuando escuchamos quejas sobre ellos. Los nuevos líderes siempre se benefician si saben explícitamente que cuentan con nuestro respaldo, que no los abandonaremos durante los tiempos difíciles ni que los dejaremos a la intemperie mientras nosotros nos resguardamos.

> Siempre que ponemos a alguien en una posición de liderazgo, asumimos también el compromiso inherente de ponernos a su lado y ayudarlo a obtener buenos resultados.

15. *¿Tiene confianza en sí mismo sin ser petulante y es humilde sin ser inseguro?*

La petulancia y la inseguridad son, por supuesto, la contracara de la verdadera confianza y la humildad. En Gálatas 2:20, Pablo se describe a sí mismo en estos términos: «*He sido crucificado con Cristo*, y ya no vivo yo sino que Cristo vive en mí». Esa es la fuente de donde brota la verdadera confianza y humildad, que nos libera para vivir nuestra identidad «en Cristo» y para seguir adelante con la misión que el Señor nos encomendó.

La prueba definitiva para determinar la confianza y la humildad cristocéntricas es la capacidad de interesarse verdaderamente y amar a los demás. Es posible que hayamos sido llamados a ser líderes pero, en última instancia, estamos llamados a amar. Nada puede reemplazar eso en la vida de un candidato a líder. Hay que prestar atención a la actitud del candidato, para intentar discernir si desea una posición de liderazgo para sentirse bien o porque se cree con derecho a ella, o si quiere ser líder porque realmente desea ver crecer a la gente y honrar a Jesús.

16. *¿Cree que tendrá afinidad con la cultura de este ministerio y con el personal y el equipo de líderes?*

Algunos modelos de reclutamiento de personal se concentran en asuntos de personalidad, competencia y «química». Esta sería la pregunta relacionada con la «química». ¿Hasta dónde el candidato será capaz de estimular y agregar valor al equipo de liderazgo actual sin fracturarlo? ¿Hay afinidad entre el candidato y quienes somos o el ministerio que desearíamos llegar a ser?

Cuando entrevistaba candidatos para cargos en el personal pastoral, generalmente les pedía a los actuales pastores que invitaran al candidato a almorzar sin mí. Con anterioridad, había animado al candidato a hacer las preguntas que quisiera al personal, sobre cómo sería trabajar en el equipo y a mis órdenes. Luego conversaba con los pastores para determinar dos cosas: (1) su impresión general sobre el candidato y, lo más importante, (2) si sentían que habría afinidad entre esa persona y nuestra cultura de equipo.

Tres perspectivas a modo de conclusión

Primero, estas preguntas son pautas para seleccionar *líderes* en particular, no voluntarios. Hay personas dedicadas al servicio y otras que, además de tener una actitud de servicio, son líderes. Desde el punto de vista bíblico, los requisitos para el liderazgo son más exigentes. Ser líder también conlleva responsabilidades y exigencias.

Segundo, esta guía de evaluación es larga, pero de ningún modo pretende sugerir que se requiere un estándar de perfección inalcanzable antes de ser seleccionado para el liderazgo. Muchos de nosotros hemos crecido gracias a las exigencias del liderazgo. Cuando empezamos el proceso no éramos así.

Tercero, los requisitos y la consiguiente rendición de cuentas serán más estrictos para los integrantes del personal rentado y de tiempo completo que para los líderes voluntarios, que tal vez solo puedan dar un par de horas mensuales para programar el liderazgo. Es fácil exigirles cosas que los líderes con familias, empleos de ocho horas o más, y amistades encuentran imposibles. Sin embargo, si las funciones y las expectativas se detallan explícitamente y se provee el debido acompañamiento, los líderes voluntarios a menudo pueden desempeñar la mayoría de las funciones de liderazgo en una iglesia.

PARTE 3

Técnicas y fortalezas

Cuando tenía 26 años, estaba completando nueve años de estudios en ingeniería aeroespacial. Tenía que decidir si aceptaría dedicarme a ser pastor de tiempo completo en el ministerio universitario que lideré como estudiante o si optaría por una carrera en ingeniería cuando me graduara. Mi consejero académico me garantizó que conseguiría un buen trabajo como ingeniero en cualquier lugar del país que eligiera para vivir. Sin embargo, sentía el llamado a quedarme en la universidad después de graduarme y ser pastor a tiempo completo del ministerio universitario.

La vocación por el ministerio resultó ganadora. Desde entonces, he observado a muchos otros tener que tomar decisiones similares; las siguientes son algunas preguntas que he llegado a valorar. La última tiene que ver con el desarrollo de tres aptitudes claves que serán el objetivo de esta parte.

¿Deberías dedicarte al ministerio?

☐ ¿Tienes la convicción persistente en tu corazón, probada a lo largo del tiempo, de que debes hacerlo?

☐ ¿Sientes que es una decisión libre y que estarías cambiando de profesión por buenas razones?

☐ ¿Te sentirías feliz haciendo otra cosa que no fuera el ministerio por vocación?

☐ ¿Estás preparado para amar a un grupo de gente y sacrificarte personalmente en su beneficio?

☐ ¿Te estimula y motiva pensar en todo lo que una congregación local podría alcanzar?

☐ ¿Estás dispuesto a levantarte en medio de la noche para responder a una llamada por teléfono, o a pasar varios días de tu vida en hospitales?

☐ ¿Estás dispuesto a tener que elaborar y ejecutar presupuestos, encontrar recursos y quizás aceptar una rebaja salarial?

☐ ¿Tienes una identidad personal suficientemente madura para poder manejar la crítica y las frustraciones sin reaccionar exageradamente?

☐ ¿Sabes dominar tus inseguridades hasta el grado tal de ser capaz de dar mayor participación a otros y no sentirte intimidado cuando te rodeas de personalidades?

☐ ¿Tienes una fuerte disciplina de trabajo que te permite mantener la vista fija en el objetivo y la tarea, sin necesidad de mucha supervisión directa en el día a día?

☐ ¿Estás dispuesto a continuar mejorando como constructor de equipos, comunicador y agente de cambio?

CAPÍTULO 7

La formación de equipos

«Designó a doce, a quienes nombró apóstoles, para que lo acompañaran y para enviarlos a predicar».
Marcos 3:14

Uno de mis mayores gozos como líder en el ministerio ha sido la oportunidad de trabajar con maravillosos equipos de pastores asociados y líderes voluntarios que el Señor puso en mi camino a lo largo de los años. Estos equipos a menudo constituyeron algunos de mis círculos de amistades más valiosas. Me sentía rodeado por la fuerza de sus fuerzas y aprendí a sentirme nervioso cuando no me podía rodear con gente más talentosa que yo. Soñábamos juntos, planificábamos juntos, orábamos juntos, llevábamos adelante la misión juntos... y bebíamos demasiado café juntos.

Jesús fue un extraordinario constructor de equipos, y comprendía el poder de «juntos». Más o menos a mitad de su ministerio, llamó a doce de sus seguidores para una jornada maravillosa entre «discípulos y líderes». En el camino, les inculcó la visión (Mateo 4:19), fortaleció el carácter de ellos (Mateo 5–7) y les enseñó técnicas (Mateo 10).

Después de que Jesús ascendiera al cielo, estos mismos líderes «en proceso de formación» tomaron medidas para asegurar la continuidad íntegra del equipo, al llenar una lamentable vacante en sus filas (Hechos 1), y un poco después, recibieron el bautismo en el Espíritu Santo (Hechos 2). En ese momento se consolidó todo y a nadie asombra que permanecieran *juntos* como un equipo de liderazgo, con el objetivo de guiar y coordinar la incipiente vida de la iglesia primitiva y trabajar unidos para formar más líderes.

Los buenos líderes en el ministerio aprenden técnicas para construir equipos. Ningún líder puede cumplir su llamado a solas. Tampoco queremos guiar a la iglesia de Cristo de manera aislada e imprudente. Conseguir personas que quieran colaborar con nosotros y entre sí para hacer avanzar la vida y la misión de la iglesia es la esencia del liderazgo en el ministerio. Si construimos ministerios que no son más que espectáculos individuales, confinados a nuestras propias capacidades para el ministerio, no hemos entendido bien el camino de Jesús y habremos puesto un tope a los ministerios que dirigimos.

Si los ministerios que dirigimos entran en crisis, y necesitan una intervención «de emergencia», alguien tendrá que intervenir, echarse al hombro el ministerio y efectuar cambios unilaterales con el fin de «salvar al paciente». Pero esta clase de liderazgo no se puede mantener en el tiempo: probablemente acabe por matar al paciente. Cuanto más saludable sea un ministerio, tanto más personas encontrarán la manera de participar y asociarse para colaborar. Los ministerios saludables adoptan un enfoque bíblico, centrado en las personas y basado en equipos.

Con respecto a los constructores de equipos, su mayor gozo es ver que les va bien a las personas de su entorno. Estos líderes superan sus inseguridades, que los llevan a ponerse demasiado a la defensiva o a procurar protagonismo, y llegan a creer sinceramente que cuando les va bien a los miembros de su equipo también les va bien a ellos. Cuanto más fuertes son las personas de su entorno, tanto más felices se sienten. Los buenos constructores de equipos derivan las satisfacciones más sentidas cuando desarrollan su ministerio *«por medio de»* la gente, y no solo *«a»* la gente.

Funcionamiento en equipo

Hay varias maneras de encarar el trabajo en equipo, pero desearía esbozar los elementos esenciales que se requiere.
Confianza
Estímulo
Responsabilidad
Misión

Estos cuatro factores están presentes y son fuertes en los equipos de alta productividad. Además, no dependen solo del líder, sino que también todos los integrantes del equipo contribuyen a reforzarlos. Hay suficiente *confianza* en el equipo, para que los miembros se den mutuamente el beneficio de la duda y construyan una cultura tolerante a asumir riesgos juntos. La función de cada miembro no solo se afirma, sino que se *estimula* regularmente y se reafirma mutuamente. De igual modo, la *responsabilidad* individual no es solo hacia el líder del equipo sino hacia todos los integrantes del equipo. Por último, la *misión*, definida como los propósitos y las metas del equipo, es aceptada y asumida por todos.

> ## Si la misión determina lo que el equipo hace, los valores describen cómo el equipo trabaja.

Estas son las cuatro características para un trabajo en equipo saludable. Promoverlas, sin embargo, pasa por el proceso de llevar a la práctica los valores predefinidos que guían cómo el equipo funciona efectivamente día a día. El líder del equipo guiará hacia la definición de esos valores y promoverá conductas que se conformen a ellos.

Si la misión determina lo *que* el equipo hace, los valores describen *cómo* el equipo trabaja. Los valores son como barandillas alrededor de la misión, y moldean las convicciones que guían la conducta del equipo. La visión, entonces, viene a ser el futuro que se proyecta si la misión y los valores se cumplen. Sin embargo, en el fondo, la esencia son los valores. Estos articulan los pasos del proceso para fortalecer la salud del equipo.

Hace varios años escribí diez valores que me han guiado cuando tengo que formar equipos. Tener por escrito estos valores me permitió definirlos y elaborar medidas de acción. Los valores esenciales pueden variar según los equipos, pero los siguientes son los míos.

Diez valores esenciales para un ministerio en equipo

1. *La oración y los principios bíblicos inspiran y sustentan todo lo que hacemos.*

2. *No hay superestrellas en el equipo, solo líderes humildes dispuestos a servir, que se esmeran y que trabajan para que les vaya bien a todos los demás integrantes del equipo.*

3. *Los voluntarios laicos no trabajan para nosotros: nosotros estamos a su servicio, somos ejemplo de actitud y los ayudamos a desarrollar el potencial que Cristo les dio.*

4. *Las evaluaciones sinceras y personales son necesarias; las valoramos porque son parte de nuestro crecimiento.*

5. *Las evaluaciones respecto al ministerio de la iglesia, tanto las positivas como las negativas, pueden ser compartidas libremente y con confianza entre nosotros.*

6. *Trabajamos juntos con otros miembros del equipo para solucionar los conflictos, y no los evitamos; preferimos correr el riesgo de confiar y concedernos mutuamente el beneficio de la duda.*

7. *Se brinda atención prioritaria a los compromisos familiares de las personas y a las disciplinas espirituales.*

8. *Se presupuesta y administra el tiempo con sabiduría para lograr resultados permanentes.*

9. *Se valora el esfuerzo, la iniciativa y la innovación por encima de la capacidad de funcionar para mantener el estado actual.*

10. *Aspiramos a la excelencia, combinada con la unción, en todo lo que hacemos.*

Estos valores, operando en conjunto unos con otros, son el esquema práctico que uso para alimentar la fortaleza de los elementos esenciales para el trabajo en equipo: la confianza, el estímulo, la responsabilidad y la misión. Una vez al año, revisábamos toda esta lista con los principales equipos de ministerio. El resto del año, procurábamos mantenernos atentos a oportunidades situacionales para reforzar los valores uno o dos por vez, en reuniones del personal, en conversaciones mano a mano, o en esos momentos propicios para la enseñanza que todo líder busca. Con frecuencia aprovechaba las oportunidades que se presentaran para reafirmar aquellas conductas concretas del equipo que se alineaban con nuestros valores.

Ocasionalmente, usaba los valores del equipo como punto de partida para corregir conductas no beneficiosas.

Una cosa es tener valores, y otra es aplicarlos y reafirmarlos. Se requiere coraje para dirigir bien a un equipo. Mi deseo de ser simpático y agradable a veces me jugó en contra del coraje que debí haber tenido para intervenir y enfrentar un problema. Y mis reacciones en ocasiones no siempre fueron suficientemente previsibles, lo que desacomodaba a mis equipos. Un miembro del personal en quien confiaba una vez me dijo: «A veces tiendes a reaccionar de manera exagerada por asuntos de poca importancia, pero no te enojas lo suficiente ante problemas realmente importantes. El equipo tiene dificultad para concentrarse en lo que debería hacer bien».

Los valores requieren constante aplicación y monitoreo, y eso a su vez requiere coraje y constancia de parte del líder del equipo. El líder tiene que estar pronto para actuar y reaccionar en conformidad.

¿Agresivo, pasivo o decidido?

La acción, tanto como la inacción, tiene consecuencias. Los constructores de equipo eficaces no deben ser muy *agresivos* ni muy *pasivos*, sino debidamente *decididos*. La agresividad puede convertirse en abuso, y victimizar a los miembros del equipo. La pasividad, por otra parte, erosiona la confianza en el líder del equipo: confunde las expectativas, elude la rendición y obstaculiza la misión. Conozco historias de horror de ambos lados: líderes que ejercen agresivamente el control, humillan y hieren a los miembros de su equipo, y líderes que pasivamente ignoran a los miembros del equipo, no brindan dirección y evitan enfrentar los problemas.

El líder decidido toma decisiones, pero las ejecuta con respeto. No es un líder de mano dura ni controlador, pero tampoco se desentiende de todo y nunca interviene directamente. Un líder de equipo decidido ayuda a los miembros del equipo a sentirse valorados, y a la vez les exige responsabilidad; los desafía, y también los retribuye. Esto, a su vez, conduce a las sinergias que permiten cumplir la misión de manera extraordinaria.

Hay varias competencias básicas que los líderes decididos pueden desarrollar.

> La excelencia es importante, pero la unción nos recuerda que, aun en el mejor de los casos, la excelencia no es suficiente.

Competencias básicas para los constructores de equipos

Capacidad para hacer que el equipo dependa del Espíritu Santo

El primero y el último de los diez valores básicos para un equipo de ministerio que vimos anteriormente se relacionan justamente con esta capacidad. Orar y ayunar juntos, insistir en que la estrategia se conforme a los principios bíblicos y acompañar espiritualmente a cada líder de equipo son parte del proceso. Pero lo que es aún más importante será evitar caer en la idea de que la excelencia está por encima de la unción. La excelencia es nuestra parte, pero la unción corresponde a Dios. En un sentido muy real, ambas parecen ir contra nuestra intuición. La excelencia es importante, pero la unción nos recuerda que, aun en el mejor de los casos, la excelencia no es suficiente. A menudo les recordaba a mis equipos pastorales: «Todos los días hacemos un matrimonio. No un matrimonio entre dos personas, sino el matrimonio entre la excelencia y la unción». Es mayordomía y Espíritu, no mayordomía o Espíritu.

Capacidad para alentar a las personas

Los buenos constructores de equipo a menudo creen en las personas tal vez aún más que lo que las personas creen en sí mismas. Un axioma fundamental del liderazgo es que la gente tiende a ponerse a la altura de lo que sus líderes piensan de ellos. Ayudar a la gente a ver su potencial y luego convertirse en sus más enérgicos alentadores es una de las aptitudes más potentes requeridas para formar equipos.

Para ello, los constructores de equipos necesitan tener algo que yo llamo «ojos pastorales». A pesar de lo que sepan sobre los fracasos y luchas de la gente, por la gracia de Dios todavía ven el potencial que encierran sus vidas. A diferencia de los líderes solitarios, a los constructores de equipos no les preocupa su propio desempeño personal, sino conseguir que los demás den el máximo de sí. Alientan y desafían a los miembros de su equipo, y luego dan un paso al costado para darles espacio. Hablan más de «nosotros» que de «yo».

Capacidad para crear ambientes interpersonales seguros

Los equipos se tornan disfuncionales cuando no se sienten emocionalmente seguros ni hay vínculos de confianza mutuos. Cuando impera la inseguridad en los equipos, difícilmente la gente se arriesgará a hablar sincera y directamente entre sí, y tampoco con el líder. Aquellos lugares donde nadie se anima a decir la verdad son peligrosos. En los diez valores básicos para un equipo de ministerio mencionados anteriormente, vimos que los comentarios sinceros deben ser valorados y esperados. Una cultura de seguridad los propiciará.

Como líder de equipo nunca me resultó fácil aceptar las críticas sobre el ministerio o sobre mí. Pero los miembros de mi equipo eran quienes mejor me conocían y las personas en quienes más confiaba. No podía darme el lujo de aislarme de sus comentarios ni de castigarlos por decirme aquellas cosas que hubiera preferido no escuchar.

También sabía que si contaba con personal competente en mi equipo, otras organizaciones intentarían reclutarlos. Acusarlos de deslealtad porque simplemente exploraban otras opciones habría sido contrario a la ética de la cultura de seguridad que intentábamos construir. Quería que fueran capaces de recorrer el proceso de discernimiento conmigo, no sin mí. Aunque quizás no lo hice a la perfección, intenté crear un ambiente seguro para que los miembros del equipo pudieran dialogar conmigo sin temor a futuras represalias.

Capacidad para comunicar con claridad y coherencia

Los constructores de equipos prefieren ser explícitos, concretos y aun repetitivos, a efectos de eliminar las especulaciones.

Si se le preguntara a los miembros de equipos cuál es el problema más relevante en sus equipos, invariablemente responderán que es «la falta de comunicación». Los problemas de comunicación aquejan a la mayoría de las organizaciones, y a menudo el problema son los líderes de los equipos. En mi caso, se debe a que tengo una personalidad relativamente callada. Eso hace que sea bueno para escuchar, pero soy un pobre comunicador. Los miembros del equipo tienen que adivinar lo que estoy pensando. Además, tiendo a suponer que la gente sabe más que lo que efectivamente sabe.

Los constructores de equipos prefieren ser explícitos, concretos y aun repetitivos, a efectos de eliminar las especulaciones. Si son conversadores naturales, resisten la tendencia de hablar sobre todo, y se limitan a lo que los miembros del equipo necesitan saber. Pueden incluso llegar a preguntar al equipo qué entienden por lo que dijo, para asegurarse de que todos interpretaron sus palabras de igual forma. También se aseguran de que los miembros del equipo de más confianza nunca se enteran de un importante anuncio el domingo de mañana, junto con el resto de la congregación.

Mantener informado a todo el mundo requiere un esfuerzo increíblemente enorme, pero los sistemas de comunicación aceitados contribuirán al éxito de todo el equipo, ayudarán a los miembros del equipo a sentirse valorados, incrementarán el compromiso de todos con la misión y evitarán dejarlos en la incómoda situación de tener que reconocer ante otras personas que no estaban al tanto de algo importante.

Capacidad para dar permiso, más que para castigar

La consecuencia natural de un ambiente de confianza mutua y comunicaciones fluidas es una cultura de equipo que promueve la participación de todos. Como pastor, solía decir que mi ministerio consistía en decir que sí: a los sueños y al llamado de la gente. Ocasionalmente tuve que decir «no», pero en general era mejor estimular la innovación y la iniciativa, dentro del marco de nuestra misión compartida, que ahogarlas.

Un equipo pastoral en particular que me tocó dirigir parecía vacilante a la hora de correr riesgos. Intenté impulsarlos, pero un miembro influyente del equipo me dijo: «Pastor, necesita tenernos paciencia. No estamos acostumbrados a trabajar con un líder que nos da permiso para actuar». Por desgracia, el equipo había sido condicionado por un ambiente de liderazgo en que los fracasos se castigaban. En cambio, las culturas que permiten que la gente corra riesgos y que vivan para contarlo. Sin esa libertad, los miembros del equipo se retraen y adoptan conductas defensivas, y el progreso es mínimo.

Capacidad para supervisar sin faltar el respeto

Hay un dicho inteligente sobre el liderazgo que afirma: «Se respeta lo que se supervisa». La rendición de cuentas es esencial para el buen funcionamiento de un equipo. El problema es que hay maneras motivadoras de supervisar y maneras desmotivadoras. Las supervisiones intrusivas, que revelan falta de confianza, pueden ser interpretadas como humillantes, en especial por los líderes fuertes. Los buenos líderes de equipo prefieren recomendar más que vigilar, como si fueran *entrenadores* más que *policías*.

Una de las preguntas más valiosas que puede hacer un supervisor a un miembro del equipo es: «¿Cuál es el desafío más grande que estás enfrentando en este momento?», y: «¿En qué te puedo ayudar?».

Aparte de eso,

- ☐ explicitar las expectativas desde el principio
- ☐ definir y acordar los sistemas y los criterios de evaluación
- ☐ dejar que la gente efectivamente haga lo que se espera de ellas
- ☐ insistir en que los miembros del equipo reconozcan y asuman la responsabilidad de sus errores.

De persistir los problemas de desempeño, habrá que enfrentarlos. Sin embargo, en la medida de lo posible, no avergüence a nadie delante de los demás integrantes del equipo. Mi regla elemental es elogiar en público, pero corregir en privado.

Capacidad para mantener al grupo enfocado en la misión

Los equipos existen para cumplir sus propósitos y producir resultados. Lamentablemente, es fácil confundir la actividad con la productividad.

Estar activo y cumplir la misión pueden llegar a ser dos cosas muy diferentes. Más que dedicar tiempo para organizar otro evento o aun sentirse bien por el ministerio que se realiza, la misión siempre se pregunta: «¿Qué hizo Dios?» y «¿Qué cambio logramos?».

Los líderes de equipo eficaces son implacables cuando se trata de resultados. Son guardianes de la misión del equipo, y por eso constantemente se preguntan primero «¿Para qué lo haremos?»; y dejan las preguntas «¿Qué conseguimos?» para el final. También tienen suficiente valor para preguntarle al equipo qué cosas *no* deberían hacer a fin de crear espacio para lo que sí deberían estar haciendo. Planificar cuándo dejar de hacer cosas puede ser doloroso, pero es importante para permanecer en la misión.

La misión también necesita integrarse a la estructura de las reuniones de equipo. Patrick Lencioni en su libro, *Death by Meeting* [Muerte por reuniones],[20] señala la dificultad que plantea a los miembros de un equipo participar de reuniones en las que se salta de un tema a otro todo el tiempo y se alternan temas estratégico-misioneros con temas logísticos y administrativos. Según este autor, conviene separar las reuniones semanales dedicadas a temas logísticos, en la que todos participan en la planificación y la coordinación del cronograma, de las reuniones menos frecuentes, pero sumamente importantes en las que se discuten estrategias a largo plazo. De lo contrario, la misión quedará relegada por las urgencias semanales de la administración.

Trabajamos mejor cuando trabajamos juntos, y es maravilloso lo que podemos lograr cuando trabajamos en equipo, con la ayuda de Dios. El modelo de Jesús es el ministerio en unidad. Cuando los líderes reúnen a la gente y desarrollan las aptitudes necesarias para promover la confianza, el estímulo, la responsabilidad y la misión, entonces posibilitan el tipo de trabajo en equipo que transforma dinámicamente vidas, iglesias, comunidades y naciones.

CAPÍTULO 8

El hablar en público

«Te doy este solemne encargo: Predica la Palabra.»
2 TIMOTEO 4:1–2

Los líderes comunican, y los grandes líderes comunican bien. En su fascinante libro, *The Last Lion* [El último león], William Manchester cita al notable orador y estadista mundial del siglo XX, Winston Churchill, quien dijo que aquella persona que domina el arte de la oratoria en público está en posesión de un verdadero don. «La persona que disfruta hablar en público —dijo Churchill— tiene un poder más duradero que el de un gran rey. Es una fuerza independiente en el mundo».[21]

Aquel día de Pentecostés, los seguidores de Jesús fueron llenos del Espíritu Santo. Conforme el poder de Dios se derramaba en su vida, el corazón de estos creyentes se transformó por completo. Nada asombra que comenzaran «a hablar en diferentes lenguas, según el Espíritu les concedía expresarse» (Hechos 2:4). Hablar en lenguas es una prueba verbal, de naturaleza sobrenatural, que nos recuerda a todos que el Espíritu se nos concede para que seamos «testigos» (Hechos 1:8), y así ser portavoces de Dios en el mundo. Pedro, el apóstol que predicó el primer sermón de la iglesia cristiana, luego diría: «El que habla, hágalo como quien expresa las palabras mismas de Dios» (1 Pedro 4:11). Pablo le encargó a Timoteo: «Predica la Palabra» (2 Timoteo 4:2).

El Espíritu de Dios y la predicación verbal siempre van unidos, desde las voces proféticas del Antiguo Testamento, pasando por los grandes sermones y predicadores del Nuevo Testamento, hasta nuestros días. Es curioso notar que Churchill creía que la clave del impacto de un orador era la sinceridad. «Antes de poder inspirar a la gente y emocionarla, él debe emocionarse. [...] Antes de poder conmoverlos hasta las lágrimas, él debe derramarlas. Para convencer, él debe creer.»[22] Como seguidores de Cristo, eso es lo que el Espíritu Santo hace por nosotros. Nos llena con el Espíritu, nuestro corazón palpita con su fervor, su verdad moldea nuestras convicciones fundamentales y rebosamos tanto que no podemos callar, todo por su poder.

Esto significa que comunicar la Palabra de Dios es una prioridad importante que tenemos como líderes espirituales. Según 2 Timoteo 3:16: «Toda Escritura es inspirada por Dios y útil para...»:

enseñar — lo que debemos creer
reprender — lo que debemos dejar de hacer
corregir — lo que debemos comenzar a hacer
instruir — lo que debemos llegar a ser.

Pablo describió el resultado en el versículo siguiente, precisamente lo que todos queremos ver en la vida de aquellos a quienes servimos: personas enteramente capacitadas para obedecer y servir a Dios. Predicar y enseñar son prácticas centrales para cultivar el potencial espiritual de aquellos a quienes ministramos, ya sea en el contexto de grupos pequeños o delante de grandes multitudes. El arte de comunicar no es una capacidad optativa para los líderes en el ministerio.

La decisión de mejorar

Para muchos de nosotros, aprender a hablar bien probablemente nos lleve toda la vida. Cuando se trata de hablar en público, es demasiado fácil engañarnos y pensar que somos mejores que lo que efectivamente somos o creer que a la gente le agrada escucharnos hablar, más de lo

> Para muchos de nosotros, aprender a hablar bien probablemente nos lleve toda la vida.

que en realidad les agrada. Por desgracia, la impresión que creemos que producen nuestras predicaciones no siempre coincide con la impresión que efectivamente producimos en los demás.

Llevaba unos quince años dedicado al ministerio a tiempo completo cuando sentí que había dejado de crecer como predicador y que necesitaba ayuda. Entonces, con la ayuda de un pastor asociado, creamos una comisión de púlpito (no se nos ocurrió un nombre mejor). El grupo estaba formado por una joven de secundaria, una mujer de ochenta y tres años que oraba por un avivamiento, un profesor universitario y su esposa, un joven matrimonio con hijos pequeños, una pareja con hijos adolescentes y una madre soltera de cincuenta años con hijos adultos. Escogimos una muestra representativa de la gente que me escuchaba predicar todos los domingos.

Cada persona tenía una hoja para llenar después del sermón y entregármela. Tenían que responder cuatro preguntas: ¿Cuál fue el tema del mensaje? ¿Cuál fue el propósito del mensaje? ¿Qué cosas contribuyeron a prestar atención al mensaje? ¿Qué cosas habrían contribuido a prestar más atención al mensaje?

La última pregunta era la más dolorosa —aunque también me preocupaba cuántas veces podían identificar el tema del mensaje pero no el propósito, porque eso significaba que, si bien el tema estaba claro, no habían comprendido por qué necesitaban escuchar ese mensaje en particular.

Una vez cada tres semanas nos reuníamos una hora y media el domingo en la tarde. Durante los primeros cuarenta y cinco minutos, repasábamos los sermones que había predicado en los tres domingos anteriores. Ya había leído sus evaluaciones por escrito, pero necesitaba contar también con comentarios frente a frente. Podían decirme cualquier cosa que desearan. Yo estaba nervioso, pero la gente no suele ser mala cuando se le pide la opinión en un ambiente de confianza.

Sus observaciones, tanto las positivas como las negativas, fueron justo lo que necesitaba para ayudarme a comunicar mejor. «Las introducciones son demasiado largas». «No me quedó claro cómo debía aplicar el punto principal del mensaje en mi caso». «Esa ilustración en particular no me pareció pertinente al argumento». «Pude seguir el sermón, pero no entendía a dónde quería llegar». Y así continuaban. Era un regalo doloroso, pero con mucho cariño.

Durante la segunda mitad de la reunión de hora y media, conversábamos sobre los pasajes bíblicos que había escogido para predicar durante los siguientes tres domingos. No les pedía que me escribieran los sermones, pero sentía que había venido perdiendo contacto con el tipo de preguntas que la gente tiene cuando lee las Escrituras. Si no respondía esas preguntas y relacionaba los pasajes con los problemas de la realidad que estaban viviendo, entonces algo no estaba bien. Los miembros de la comisión compartían, desde sus perspectivas, qué cosas los confundían y qué cosas les llamaba la atención en los pasajes propuestos. Aquellos encuentros dominicales de reflexión sobre los pasajes de las Escrituras se convirtieron en grandes estudios bíblicos.

Nuestra comisión de púlpito se reunió cada tres semanas durante un año. Una consecuencia no prevista fue que los integrantes de la comisión también crecieron, porque aprendieron a escuchar mejor los mensajes. «Nadie nunca nos enseñó cómo escuchar un sermón», decían. Sin embargo, quien más se benefició fui yo.

La elaboración de los mensajes

Mi celular y mi computadora requieren actualizaciones periódicas, como también la mayoría de los programas que uso. La siguiente lista es una actualización para preparar y predicar mensajes con eficacia. Conviene escoger dos o tres áreas y concentrarse en mejorarlas en el curso del siguiente año.

☐ Aumentar el tiempo dedicado a la preparación del sermón, entre un 10 y un 20 %. De ser posible, delegar una responsabilidad semanal en otra persona para dedicar más tiempo al estudio bíblico y la oración. Pocas cosas importan más que comunicar bien la Palabra de Dios.

☐ Procurar encontrar el *hilo conductor* de la verdad que conecta todos los versículos del pasaje de la Escritura. Permitir que eso determine el propósito singular del mensaje. Intentar sintetizar esa verdad central en el título del mensaje. Es difícil, pero es necesario simplificar, simplificar, simplificar... que no es lo mismo que ser simplista. Un mensaje verdaderamente enfocado puede ser realmente muy profundo.

☐ Después de estudiar el pasaje, orar en el Espíritu, pidiendo por el texto bíblico y por los oyentes. Pedir al Espíritu Santo que nos revele aplicaciones concretas. ¿Cómo se relaciona directamente la verdad del pasaje bíblico con la vida de las personas que lo escucharán? En otras palabras, la preparación del mensaje requiere que interpretemos tanto el pasaje bíblico como a los oyentes.

☐ Desde las primeras etapas, cuando comenzamos a diseñar el mensaje, recordar que la predicación transformadora de vidas procura responder, en última instancia, a dos preguntas: «¿Qué?» (explicación) y «Entonces, ¿qué?» (aplicación personal). Intentar dirigirse a la *mente* de los oyentes con la pregunta «¿Qué?», a su *voluntad* con la pregunta «Entonces, ¿qué?», y a sus *emociones* a medida que el mensaje los conmueve y los lleva hacia una respuesta.

☐ Sin complicar las cosas, desarrollar la verdad central del pasaje en forma de un simple bosquejo que siga el flujo del texto. Apegarse a una verdad central, pero ramificar la dirección del texto en unos pocos pasos claves que desarrollan y explican esa verdad central. Intentar desarrollar el hilo del mensaje como si se tratara del hilo de un relato, en que cada punto lleva naturalmente al siguiente.

☐ En la medida de lo posible, usar verbos en los puntos claves del mensaje, y relacionarlos con problemas reales de la vida de la gente, mientras se recorre el texto. Para expresarlo en palabras del conocido pastor Rick Warren, si el propósito de predicar es la aplicación, entonces «las aplicaciones deberían ser lo que se predica».[23] Intentar evitar un 95 % de exégesis y 5 % de aplicación al final. Relacionar las situaciones de vida de la gente con cada uno de los puntos principales que componen la fluidez del mensaje.

☐ Las aplicaciones deben ser prácticas y posibles (ni muy vagas, ni demasiadas), y siempre relacionadas con la verdad central. Deberían ser tanto «concretas para la vida», en el sentido de que están relacionadas con los problemas reales que enfrenta la gente, y «estratégicamente posibles», en tanto describen lo que efectivamente la gente debería hacer con la verdad, y cómo debería hacerlo. Las aplicaciones concretas requieren de muchos pensamientos. Necesitan ser mucho más específicas y definidas que simples variantes de: «Necesitan comprometerse más» o «Necesitan ser más consagrados».

☐ Evitar divagar e incluir demasiadas ideas. Ir desde el principio a la conclusión en línea recta, lo más posible. Quitar las digresiones o las ideas tangenciales que no se relacionan con la verdad central. Después del primer borrador, hay que ser implacable y cortar, cortar y cortar. Después de años de predicar, aprendí que tenía que tomar el bosquejo casi terminado de mi predicación y sacarle un 25 %, porque eso me obligaba a mantener el mensaje enfocado y fiel a su propósito central.

☐ Respaldar todos los puntos claves con pasajes del texto bíblico. Evitar leer las Escrituras al principio y luego no referirse a ellas nunca más. Si algunos puntos no se relacionan directamente con el pasaje, habrá que quitarlos también. Asegurarse de que tanto el contenido de la Escritura y las circunstancias de vida de la gente permanezcan en el centro durante todo el mensaje.

☐ Evitar mencionar puntos principales sin explicarlos e ilustrarlos. Encontrar la mejor anécdota, ilustración, ayuda visual o aplicación práctica demanda mucho tiempo... pero valdrá la pena. Orar pidiendo creatividad. Estar todo el tiempo atento a ilustraciones para el sermón: en la vida diaria, los libros, las noticias y las experiencias personales de vida.

☐ Expresar los puntos claves de aplicación en la vida de las personas con palabras interesantes y memorables, *pero* sin ser triviales ni artificiales. Condensar el tema clave del mensaje de manera que pueda repetirlo a lo largo del sermón, y la gente lo recuerde.

☐ Incorporar las inquietudes y situaciones de vida de la gente al mensaje, desde el principio. Ser creativo desde la introducción, para que los oyentes sepan por qué deberían escucharnos durante los siguientes treinta minutos. Luego dejar que el mensaje desarrolle el interés a través de preguntas que respondan al «*por qué*». Por ejemplo, el «qué» del texto bíblico es que Dios dice que ama al mundo, pero ¿por qué querría que nosotros también lo amáramos?

☐ Como con cualquier relato que atrapa la atención y el corazón de la gente, dejar que el mensaje se desenvuelva como una historia llena de tensión, urgencia, emoción y, por último, desenlace. Acompasar el tono y el ritmo del mensaje con intensidad, humor, pausas y transiciones naturales entre los puntos.

☐ Como una cuestión de disciplina, considerar reducir el sermón normal en cinco o diez minutos, para concentrarse en el impacto con unción más que en una extensión innecesaria. Prever más tiempo para la respuesta en el altar. Procurar aplicaciones prácticas y respuestas de los oyentes que conduzcan a un encuentro con el Espíritu Santo.

☐ Siempre que corresponda y sea practicable, no olvidarse de equilibrar la responsabilidad humana con la gracia facilitadora de Dios. Mantener siempre en alto la grandeza y el poder de Dios. No minimizar el pecado, pero terminar con la esperanza centrada en el evangelio. Guiar siempre a la gente a la cruz de Cristo, sea cual sea el tema o el pasaje bíblico sobre el que se predica.

☐ Ser auténtico al comunicar el mensaje. Evitar dar la impresión de ser artificial o no natural. Hablar con pasión y convicción, expresadas con la debida variación en el tono de voz. Evitar ser demasiado monótono, tanto como hablar siempre a los gritos. Procurar vincularse con la mente, las emociones y la voluntad de la gente, no solo en cuanto al contenido del mensaje, sino también respecto a la manera en que se transmite.

☐ Escuchar a grandes comunicadores, no para imitarlos, sino para aprender de ellos. Intentar hacerlo de manera relativamente regular. Mientras escucho, me pregunto: «¿Por qué me distraje justo ahora?» o «¿Qué están haciendo que me mantiene atento a este mensaje?», o «¿Qué ilustración usan para ese punto en particular?».

> ## Mi meta general al comunicar un mensaje es poder expresar con los labios lo que tengo en la «cabeza» y el «corazón».

Mi meta general al comunicar un mensaje es poder expresar con los labios lo que tengo en la «cabeza» y el «corazón». Como estoy transmitiendo la Palabra de Dios, quiero compartirles algo que les dé para pensar (cabeza) y algo capaz de conmoverlos (corazón) para obedecer a Dios. Sin duda que hubo ocasiones en que la gente me comentó que mis predicaciones no las alimentaba, pero cuanto más conseguía comunicar tanto a la «cabeza» como al «corazón», esos comentarios se escuchaban menos.

Tiempo de preparación

Tengo un amigo que es un consultor profesional de la industria petrolera. Un día le pregunté qué diferenciaba a los gerentes ejecutivos excepcionales de los buenos. Su respuesta, después de trabajar estrechamente con muchos de ellos, fue que la diferencia no dependía nada de las diferentes aptitudes. Los líderes excepcionales habían desarrollado un don intuitivo, que otros no, de saber cuales eran las cuestiones más importantes del día, y ocuparse de ellas. En aquellas famosas palabras de Goethe: «Aquellas cosas que más importan nunca deberían quedar a merced de las cosas que menos importan».[24]

Al igual que el dinero, el tiempo también requiere ser administrado bien si hemos de aprovecharlo al máximo. Para eso, debemos determinar prioridades y planificar, más que simplemente reaccionar a las urgencias. Las prioridades deben limitarse a unas pocas: aquellas cosas más importantes que debemos hacer en la semana para cumplir nuestra misión medular. Para quienes predicamos o enseñamos regularmente, el tiempo dedicado al estudio, la oración y la meditación deberían figurar al principio de esa lista de prioridades.

Muchos pastores responsables de la predicación encuentran útil planear la semana en bloques de medio día, y luego hacer solo un tipo de tarea en cada uno de esos bloques: acompañamiento pastoral, administración, visitación, desarrollo de liderazgos y, por supuesto, estudio. En general, los bloques de medio día son tiempo suficiente para acomodar las interrupciones y realizar, a pesar de ellas, adecuadamente la tarea. Hacer muchas cosas diferentes en un breve período puede ser emocionante, pero también suele impedirnos dedicar suficiente atención a las cosas importantes.

La preparación del mensaje, en particular, requiere un bloque de tiempo sin interrupciones. También merece esas horas del día cuando estamos más alertas y creativos. Algunos somos más creativos durante las horas de la mañana, otros, en la noche. Por desgracia, algunos somos más eficientes, y aun creativos, cuando los plazos nos apremian y sentimos la adrenalina que nos impulsa a producir. Está bien, pero la presión de los plazos no debe usarse, en general, como excusa para dejar la preparación del sermón para la noche del sábado.

La administración del tiempo es especialmente un desafío para los pastores con otro trabajo, pero en mi carácter de pastor a tiempo completo también me di cuenta de que mi semana podía llenarse con igual facilidad, y dedicarme solo al acompañamiento pastoral de la gente. Al final, comencé a darme cuenta de que estaba lastimando a toda la congregación por dedicar demasiado tiempo a la atención individual de los miembros. Sentía una inclinación por atender personalmente a cada uno —digamos que tengo un don de compasión—, pero también comprendí que podía pasar horas intentando ayudar a una persona o invertir esas horas en preparar un mensaje que ayudara a todos. Pablo Lowenberg, mi suegro, fue un gran predicador. Solía decirme: «Me gusta pensar que doy consejería *cuando* predico».

No hay nada más potente que la Palabra de Dios cuando, por su Espíritu, cobra vida en la gente. Los líderes en el ministerio más influyentes lo saben, y por eso procuran dar lo mejor de sí.

CAPÍTULO 9

La gestión del cambio

«Sé fuerte y valiente, porque tú harás que este pueblo herede la tierra que les prometí a sus antepasados».
Josué 1:6

Muchos de nosotros tenemos una relación de amor y odio con el cambio. Nos encanta cuando claramente redunda en beneficio nuestro o cuando pensamos que todo el mundo debería cambiar porque eso nos viene bien. Sin embargo, cuando el cambio viene a quitarnos esa agradable seguridad de lo conocido o cuando se nos imponen cambios contra nuestra voluntad, es fácil rechazarlo y resistirlo. No me agrada nada ir a un restaurante y descubrir que cambiaron la carta. Inevitablemente, quitaron del menú justo el plato que siempre pido. Tampoco me agrada cuando un vendedor hace cambios en su sitio de internet. Me había acostumbrado a navegar por el sitio y hacer pedidos, pero el nuevo sitio me resulta extraño, a menudo confuso, aun cuando tal vez tenga más prestaciones que antes.

Por eso no es ninguna novedad plantear que la capacidad de dirigir bien durante un período de cambios es un arte especial y muy complejo. Es efectivamente más un arte que una ciencia: escuchar la dirección del Espíritu Santo para saber qué pasos dar y, al mismo tiempo, convocar al mayor número de seguidores posibles para acompañarnos... y que terminen el proceso con amor fraternal entre todos. Es todo un desafío, pero el liderazgo es justamente saber gestionar el cambio. Sin cambios, la gente no crece, los ministerios no desarrollan eficacia y los problemas no se afrontan, y fermentan.

Como veremos, ser agente de cambio requiere mucho coraje y sabiduría. El coraje es una de las características más definitorias de los líderes eficaces, especialmente en lo que respecta a los cambios. En algún momento me di cuenta de que, como pastor, la iglesia a la que servía posiblemente no deseaba tener un pastor con mucho coraje y nada de sabiduría. Eso sería temerario. ¿Pero de qué serviría un pastor con sabiduría, pero sin coraje? Todo se estancaría. La sabiduría guía al liderazgo, pero el coraje es el combustible que le da energía.

Dados los desafíos inherentes que los cambios plantean al liderazgo, quisiera comenzar con una perspectiva global sobre el tema, para luego presentar algunas ideas sobre cómo gestionar y procesar los cambios.

Una perspectiva global

Como los cambios pueden estar cargados de fuertes emociones, además de ser estratégicamente importantes, manejar esas emociones en nosotros y en los demás es parte necesaria de cualquier estrategia para gestionar el cambio. Algunos cambios serán fáciles, pero para la mayoría de la gente, navegar la turbulencia de los cambios exigirá enfrentar algunas ansiedades y emociones negativas. Lo desconocido puede despertar ansiedades y generar incomodidad; los cambios en los roles y las expectativas pueden producir inseguridad; las consecuencias del crecimiento pueden generar confusión; los fastidios pueden producir enojos; asumir nuevas responsabilidades puede despertar temores. Si no somos sensibles al «factor ansiedad» que otros podrían estar experimentando durante un importante proceso de cambio, podríamos poner en riesgo la permanencia de los cambios.

El líder con la actitud antes que con la conducta.

Para poder ponernos a la cabeza del cambio, el cambio debe comenzar en nosotros. Necesitamos aprender a manejar primero nuestras propias emociones. El reto es ser esa «presencia libre de ansiedad»[25] en medio de las ansiedades relacionadas al cambio que quizás nos rodeen. Vimos este principio en el capítulo 5, cuando consideramos que los líderes necesitaban dar la tónica a las actitudes del grupo. El líder con la actitud antes que con la conducta.

En lo que respecta a la gestión del cambio esto significa ser siempre sensible a las ansiedades de la gente, pero sin dejarse arrastrar por sus temores. El líder que se mantiene sereno crea una atmósfera de seguridad, esperanza y estabilidad en la gente y en los ministerios a su alrededor. Si entramos en pánico, como todos los demás, la posibilidad de cambio estará casi de seguro condenada al fracaso. Aquí es donde el líder requiere coraje. El coraje no es la ausencia de temor, sino que es no dejarse dominar por nuestros temores, ni por los temores ajenos.

Una vez que aprendimos a dominar las propias ansiedades, estaremos en mejor posición para ayudar a otros a superar las suyas. Por desgracia, tendemos a impacientarnos con la gente que se angustia con los cambios y a juzgar sus sentimientos, en vez de aceptar que estas reacciones son un dato de la realidad. Mi matrimonio no suele estar en el mejor de sus días cuando le digo a mi esposa: «Querida, no deberías sentirte así». Porque el problema es que ella se siente efectivamente así; ya sea que deba sentirse así o no. En vez de respetarla y aceptar que sus sentimientos son reales, y hacer algo a partir de ahí, juzgo sus sentimientos, la pongo a la defensiva y genero antagonismos que podrían escalar hasta desembocar en una discusión.

Necesitamos coraje para no caer nosotros en la ansiedad, pero también necesitamos paciencia para acompañar a la gente a través de sus emociones, para darles el tiempo que necesitan para entender y procesar los cambios. Como pastor, me llevó un tiempo comprender que las iniciativas en la iglesia que implicaban cambios me exigirían pasar más tiempo que el habitual dedicado a escuchar a la gente, personalmente o en grupos pequeños, para que todos supieran que entendía sus ansiedades, ayudarlos a comprender todo el panorama y asegurarles de que los apreciaba a pesar de cómo se sintieran respecto a los cambios. Para producir un impacto importante en la respuesta de la gente, la cuestión no pasa por estar de acuerdo con las opiniones de todo el mundo, sino, como en cualquier relación, reconocer cómo se siente la gente sin juzgarla.

Seremos mucho mejores líderes en el ministerio si no descartamos de plano a quienes no entienden la realidad como la entendemos nosotros ni los acusamos de tener un espíritu de rebeldía porque no comparten de inmediato nuestra visión. No todos procesarán los cambios al mismo ritmo que nosotros, pero muchos más nos acompañarán si tratamos a la gente con respeto y somos pacientes con las inquietudes personales y misioneras que el cambio puede hacer aflorar en ellos.

Con esa perspectiva global, a continuación, presento un conjunto de sugerencias para acompañar a la gente durante los procesos de cambio... con todas las ansiedades que estos implican.

Estrategias para la gestión del cambio

1. *Evitar cambiar solo por cambiar*

Algunos líderes cambian por aburrimiento, solo para mantenerse ocupados o al menos entretenidos. Otros líderes lo hacen por intereses personales. Como el líder anterior hacía las cosas de determinada manera, sienten algo así como un mandato interior de hacerlas diferente. Aun hay otros líderes que impulsan los cambios por una necesidad aparente de que todo su entorno debería conformarse a sus preferencias personales. Ninguna de estas razones son legítimas para cambiar las cosas. Además, rara vez contribuyen al mejor interés de la gente y de los ministerios.

2. *Poner siempre a la misión por encima de la preferencia*

El cambio debería estar siempre vinculado a la misión. En los ministerios saludables, la misión es la respuesta a la pregunta: «¿Por qué son necesarios los cambios?». El cambio no debería producirse por asuntos del estado actual, ni obedecer a los gustos personales ni a las inseguridades del líder. La misión siempre hace que nuestro objetivo sea más elevado y hacia fuera. Si no, nos volveremos hacia dentro. Nuestras convicciones sobre la misión deberían justificar el cambio.

> El cambio debería estar siempre vinculado a la misión.

Un miembro de una junta en una iglesia donde era pastor me comentó: «No me agrada la música que estamos cantando en los últimos tiempos, pero en los cultos, cuando me vuelvo y veo a mi hijo sosteniendo en brazos a mi nieto y levantando la otra mano al Señor, sé que vale la pena. —Y continuó.— Prefiero no cantar mis himnos favoritos en la iglesia, y que mis hijos y nietos vengan a la iglesia». Eso es poner la misión por encima de las preferencias personales.

3. *Escalonar los cambios con sabiduría y realismo*

Introducir demasiados cambios puede arruinar el cambio positivo. Cambiar todo al mismo tiempo deja a la gente abrumada y suele producir más daño a largo plazo que haber dejado todo como estaba. Los buenos líderes en el ministerio a menudo tienen mucha iniciativa, pero es difícil seguir a un líder que viene todos los días con una nueva idea sobre la dirección que habría que tomar o con una nueva visión para la iglesia cada pocos meses. Es altamente positivo desarrollar buenos sistemas para alcanzar y contribuir al crecimiento de la gente, y luego trabajar dentro de esos sistemas. Cambiar los sistemas demasiado seguido impide que se arraiguen en la cultura del ministerio y resta efectividad a los cambios.

4. *Evaluar las verdaderas razones de la resistencia al cambio.*

Las razones podrían obedecer a la condición del corazón de la gente: frialdad espiritual, complacencia, intereses personales, o... el problema podría radicar con nosotros, los líderes. Tal vez las personas sienten que esperamos que ellas hagan más que lo que hacemos nosotros, o nos han perdido la confianza por algún motivo. La mayoría de las veces, sin embargo, la gente resiste el cambio porque el proceso en sí del cambio es imperfecto. Si la manera en que se impulsa el cambio se percibe como manipuladora, precipitada o no fundamentada, el instinto primario de la gente será ponerse a la defensiva. Aun los cambios positivos, si se procesan mal, pueden percibirse como negativos.

5. *Crear un sentido de urgencia.*

La gente cambia porque quiere o porque no le queda más remedio. Las personas pueden desear cambiar si tienen una visión cautivante de lo que el futuro podría llegar a ser. Ese futuro necesita estar siempre vinculado a algo que valoran, como el ver personas evangelizadas y vidas transformadas. Sin embargo, a veces, aun en medio de la crisis, son necesarias malas noticias para que la gente se convenza de la necesidad del cambio. Este factor se conoce a veces con el nombre de crear «una plataforma en llamas».[26] A la gente no le quedará más remedio que saltar.

La gente cambia porque quiere o porque no le queda más remedio.

Durante un revés económico que afectó adversamente la iglesia que pastoreaba, mi intención fue ocultarles a los miembros los problemas financieros que aquejaban a la iglesia. Pero no hubo ningún cambio en las ofrendas hasta que me animé a sacar a la luz la dura realidad, para que la gente sintiera la urgencia y decidiera hacer algo al respecto. La urgencia puede ser un poderoso factor motivador. La prudencia, en cambio, también aconseja evitar convertir cualquier dificultad en una crisis, todo el tiempo. Si así fuera, la gente comenzará a sentirse manipulada y no querrá saber nada.

6. *No subestimar nunca la importancia del proceso.*

A pesar de nuestro deseo simple de «hacer que las cosas pasen», ignorar el proceso que ayuda a que otras personas se adapten y se sientan partícipes del cambio suele tener un costo elevado. Dedicar a veces unos tres meses más, o incluso un año más, para preparar a la gente para el cambio puede permitir lograr más cosas a la larga que impulsar el cambio de prisa y a toda costa.

En una ocasión, impulsé un ministerio de grupos pequeños en la iglesia, antes de que la congregación estuviera lista. La mayoría de los miembros no se sintieron parte del programa, y este se diluyó. Aunque sea tentador hacer atajos durante el proceso, y por más que nos impacientemos con el tiempo que toma el proceso, si la gente no nos acompaña, no lograremos nada de todos modos. El proceso debe ser lo más eficiente posible, pero no lo descuidemos ni lo demos por sentado.

7. *Formar un equipo de personas influyentes para promover el cambio.*

Es difícil, casi imposible, que un líder cambie solo toda la cultura del ministerio. Necesitamos observar los ministerios que dirigimos y preguntarnos: «¿Quiénes son las personas con más influencia que otras?». Si estas personas claves cuentan con la visión y visualizan los beneficios del cambio, serán quienes más lo promuevan. Y sus opiniones tienen mucho peso.

Antes de tomar decisiones importantes en las juntas de las iglesias que pastoreaba, por ejemplo, solía reunirme personalmente con algunos miembros claves de la junta, para prepararlos para la discusión. Al compartir con ellos antes de la reunión lo que quería, y darles tiempo para formular preguntas y procesar las ideas, su apoyo e influencia eran mis aliados en el grupo más amplio. Por otra parte, si las personas influyentes asistían a la reunión sin preparación y se oponían al cambio, sabía que había poco chance para la implementación del cambio.

8. *Para que las personas sientan el cambio como propio, permítales participar de la planificación.*

Cuando acompañamos a la gente a procesar el cambio, nuestra meta no es que lo acepten a regañadientes por una cuestión de respeto a nuestra autoridad, sino que se comprometan con entusiasmo con el cambio. Eso no pasará si nos limitamos a decirles lo que tienen que hacer, sino que debemos integrar a la gente temprano en el proceso e invitar sus comentarios y colaboración. La gente se entusiasmará y sentirá que el cambio que contribuyeron a crear les pertenece. Como líder, a menudo era capaz de predecir cuáles serían las respuestas, pero convocaba de todos modos a líderes y voluntarios claves en las etapas de soñar y planificar el proceso. Tener gente que siente el cambio como propio es demasiado importante para darme el lujo de no dejar que me ayuden a moldear el cambio.

9. *Informar a las partes afectadas por el cambio antes de hacer el cambio.*

Pocas cosas hay más desalentadoras que encontrarse que alguien ha tomado una decisión que nos afecta y que no nos consultó antes. Da la impresión de desinterés y falta de respeto. Si el cambio afectará a alguien en particular, póngalo al tanto antes de tomar la decisión final. Tal vez se trate del cambio de horario de un culto, o un ministerio que no seguirá más, o el reemplazo del líder de un grupo. Todas estas cosas afectan a alguien. En la medida de lo posible, conviene consultar los cambios con los interesados y pedir sus comentarios antes de llevarlos adelante. Los cambios positivos traerán eventualmente muchas ventajas, pero también podrían tener algunas pérdidas. Debemos ser sinceros con la gente respecto a qué perderán, tanto como lo que ganarán con el cambio.

10. *No atribuir acciones extremas perversas a quienes se oponen al cambio.*

Oponerse al cambio no significa necesariamente deslealtad. Algunos líderes se frustran y desarrollan el hábito contraproducente de quemar los vínculos con las personas que no concuerdan con ellos. Sin embargo, es increíble cómo, con el tiempo, persuadiremos a la gente si persistimos, siempre que lo hagamos con afabilidad.

Para minimizar la oposición, intentemos no quitar las cosas de valor de la gente, a medida que se implementan los cambios. En cambio, incorporemos nuevas conductas y ministerios sin desmantelar los antiguos, en la medida que los recursos lo permitan. Al final, los más productivos superarán a los improductivos. Es importante que las personas no sientan que se les ha quitado lo que más aman, sin recibir ningún valor compensatorio. En las relaciones humanas, importa más agregar valor que restar valor.

11. *Recordar que cambian más rápido las conductas que las personalidades.*

Todas las organizaciones en el ministerio tienen personalidad propia, además de una serie de conductas y actividades. La personalidad suele conocerse como la cultura de la organización. Cambiar la cultura de un ministerio generalmente es un proceso largo, pero las conductas son más fáciles de cambiar y, por lo tanto, suelen ser mejores puntos de partida para efectuar el cambio. Siempre que no se recompensen las malas conductas, la cultura eventualmente también comenzará a cambiar.

En una ocasión, cuando comencé un pastorado en particular, me resultó claro que la gente estaba muy interesada en arreglar algunos problemas. El arreglarlos me brindó rápidamente ciertos logros congregacionales que todos podíamos celebrar y usar para impulsar pasos ulteriores. Comencemos por cambiar aquellas conductas en que hay consenso para cambiar.

12. *No olvidarse nunca del poder de la confianza.*

En su libro *La velocidad de la confianza*, Stephen Covey identifica la confianza como «ese factor que si se pierde destruirá el gobierno más poderoso, el negocio más exitoso, la economía más próspera, el liderazgo más influyente», pero que cuando existe, puede crear «éxitos y prosperidad sin paragón en todas las dimensiones de la vida».[27] La confianza es el fundamento de nuestra relación con Cristo y un ingrediente esencial en todas las relaciones humanas saludables. También es un factor no negociable para encabezar el cambio en un grupo social.

La confianza, en muchos sentidos, es lo que liga todos los factores que consideramos en la gestión del cambio. Si la gente no confía en nosotros, probablemente no podremos dirigirlas ni guiarlas. En una congregación, una vez tuve que cambiar la hora de los cultos de los domingos de mañana. Para ser sincero, fui expeditivo y tomé la decisión solo con un grupo pequeño de líderes, sin procesar antes el cambio con la congregación. Rompí las reglas y, un domingo, simplemente anuncié que haríamos ese cambio de horario.

Como el cambio afectaba a mucha gente, a quienes no había consultado, era de esperar por lo menos una revuelta menor, pero solo hubo buena voluntad. ¿Por qué? Porque, en ese caso en particular, el cambio se vinculó a nuestra misión, y yo llevaba ya suficiente tiempo como pastor de la congregación: me salvó la confianza que me tenían. No quiero dar a entender que la confianza depositada en nosotros como líderes sea una excusa para pasar por alto el proceso ni para ignorar los comentarios de la gente, pero sin duda que la confianza amplifica nuestra influencia y nos permite ser mejores líderes, más eficaces y eficientes.

La confianza es más que un sentimiento. No es algo intangible. Tampoco es un derecho inherente por ser líderes. Nos ganamos la confianza de la gente gracias a nuestro carácter y fidelidad, y cuando ponemos siempre en primer lugar los intereses de aquellos a quienes servimos. Cuando se trata de gestionar el cambio, la verdadera pregunta que debe hacerse el líder no es «¿Qué cosas alrededor de mí deberían cambiar?», sino «¿Qué cosas en mí deberían cambiar para ser un líder en quien la gente confía?».

PARTE 4

Vitalidad y constancia

Entender la diferencia entre negarse a uno mismo y la desidia puede ser una experiencia liberadora.

- Negarse a uno mismo es desprenderse voluntariamente de una necesidad legítima con el fin de alcanzar un propósito más elevado. La desidia es violar nuestro deber de mayordomía.

- Negarse a uno mismo implica sacrificio, disciplina y amor. La desidia lleva el sello de la irresponsabilidad, la falta de disciplina y la desatención.

- Negarse a uno mismo es lo que Jesús requiere de sus seguidores. La desidia es ponernos en situación de riesgo físico, emocional y espiritual.

- Negarse a uno mismo nos fortalecerá, la desidia nos debilitará. La diferencia está en el fruto.

Por desgracia, cuidar de nuestra salud física y emocional puede hacernos sentir culpables, pero es una culpabilidad infundada. La culpa es como el colesterol: hay una culpa buena y otra mala. La culpa mala nos hace sentir culpables cuando nos tomamos un día libre, leemos un libro que no tiene que ver con el ministerio, nos dedicamos a un pasatiempo o hacemos cosas agradables para cargar las baterías emocionales. La culpa mala nos lleva a caer en la desidia.

A eso hay que sumarle los embates del Enemigo, porque ser líder nos ha convertido en blanco de sus ataques. No debemos descuidar tampoco las exigencias de esa batalla. Es importante que salgamos vencedores.

El liderazgo es una vocación maravillosa, aunque habrá momentos que pueden ser brutales y frustrantes. Enfrentar la desidia y preservar la vitalidad nos ayudará a mantenernos en la lucha hasta terminar nuestra labor.

CAPÍTULO 10

Salud física

> «¿Acaso no saben que su cuerpo es templo del Espíritu Santo...?»
> 1 Corintios 6:19

Cuando tenía entre veinte y treinta años, me parecía que gozar de buena salud era algo así como un derecho innato. Tenía un metabolismo que me permitía comer cualquier cosa y no engordar, y mis niveles de energía permanecían altos aunque me exigiera al límite. Corría para hacer ejercicio, pero mucho menos que lo que tuve que correr treinta años después para mantenerme en forma. En aquellos años, era demasiado tentador despreocuparme de mi cuerpo y creer que siempre tendría salud, mientras me dedicaba por completo a Jesús.

Con el tiempo, sin embargo, no solo me alcanzó la *biología cronológica*, sino también la *teología*. Aunque Pablo enseñó que la salud espiritual es más duradera que la salud física (1 Timoteo 4:8), eso no le impidió enfrentar el excesivo desprecio que se tenía del cuerpo físico, idea que imperaba en la filosofía dualista griega. «Sus cuerpos son templo del Espíritu Santo», enseñó. Y luego agregó: «... fueron comprados por un precio. Por tanto, honren con su cuerpo a Dios» (1 Corintios 6:19–20).

El cristianismo siempre ha tenido el cuerpo humano en alta estima. Cristo es el dueño de nuestro cuerpo. Él lo redimió con el precio de su sangre derramada, y tiene un plan eterno para el cuerpo: la resurrección. Nuestro cuerpo también es un «templo», porque allí mora la presencia del Espíritu Santo. Esto no es solo un llamado a la pureza sexual, sino que implica también cuidar nuestro cuerpo de manera holística, en una vida de adoración y servicio.

Hay cuestiones prácticas que también tienen que ver con nuestra vitalidad física y supervivencia. El ministerio se asemeja más a un maratón que a una carrera de 100 metros, y nuestros cuerpos necesitan estar debidamente entrenados. La energía baja, el letargo, la inestabilidad emocional y la enfermedad pueden interrumpir esa carrera, o hacer que la abandonemos prematuramente. Podemos optar por no hacerles caso a los síntomas y descartarlos —los desestimamos y decimos que no son más que luchas espirituales—, sin embargo, la mayoría de las veces son signos de desgaste físico de nuestro cuerpo.

Todo esto significa que cuidar nuestra salud física es importante. Lamentablemente, muchos de los líderes en el ministerio no lo estamos haciendo bien. Bob Wells de la facultad de teología Duke Divinity School lo expresó sucintamente: «Las iglesias de Estados Unidos no solo tienen en común la cruz y el amor de Cristo, sino también un cuerpo pastoral cuya salud se está tornando rápidamente en un motivo de preocupación».[28]

¿Dónde empezamos, entonces? Las siguientes tres áreas, si se les presta la debida atención, contribuirán significativamente a nuestra salud física: (1) descanso, (2) dieta y (3) ejercicio.

Descanso

La pastora, profesora y escritora famosa Barbara Brown Taylor, al considerar la negativa generalizada a descansar, se despacha con absoluta franqueza: «No quiero convertir la salud en un ídolo, pero me parece que, por lo menos algunos de nosotros, hemos convertido el agotamiento en un ídolo. La única vez que sabemos que hemos hecho suficiente es cuando quedamos exhaustos, sin energía, o cuando los seres que más amamos son a quienes menos vemos. Cuando nos acostamos de noche, en vez de orar, le presentamos a Dios nuestras agendas llenas de citas, creyendo que Él, que está tan ocupado como nosotros, sin duda sabrá entender».[29]

Descansar no nos resulta fácil para muchos de quienes estamos en el liderazgo, especialmente para quienes nos criamos con una fuerte disciplina de trabajo. Tendemos a sentirnos culpables de hacer cosas para nosotros cuando descansamos o, en su defecto, las exigencias del trabajo y las necesidades de la gente nos consumen tanto que nunca tenemos tiempo para tomarnos un descanso. Parecería haber también una diferencia insalvable entre cómo deberían ser las cosas idealmente y cómo son efectivamente, lo que hace que desacelerar nos resulte aún más difícil. Pero en ese proceso, acabamos agotando nuestro cuerpo y quedándonos sin reservas físicas.

El descanso tiene una dimensión espiritual que tendemos a pasar por alto. Jesús en una ocasión les dijo a los líderes que estaba entrenando: «... mi yugo es fácil, y ligera mi carga» (Mateo 11:30). Muchos de nosotros comprendemos la acción de descansar como un paso de fe: es animarnos a confiar de que, sin duda, estamos unidos al yugo de Cristo; que todo estará bien sin nosotros, aunque sea, por un breve tiempo. El descanso en ese sentido es, en realidad, un acto de humildad: crucificar nuestro ego y condenar a muerte la idea de considerarnos imprescindibles. Eso nos llevará a depender más plenamente de Dios.

> ## Mi regla más elemental es dormir todas las noches, descansar todas las semanas y tener vacaciones una vez al año.

No obstante, tampoco deberíamos confundir el descanso con la pereza. Ser verdaderamente un buen líder exige mucho esfuerzo, lo que hace aún más difícil encontrar un equilibrio saludable entre el trabajo y la vida. Pero es posible si contamos con un plan. No estoy postulando que deberíamos descuidar nuestras responsabilidades de liderazgo ni dejar que las distracciones personales nos aparten demasiadas veces de nuestro trabajo. La pereza mitiga los efectos del verdadero descanso; el esfuerzo lo complementa.

Lo que se necesita para trabajar duro y descansar bien es *ritmo*. Mi regla más elemental es *dormir todas las noches, descansar todas las semanas y tener vacaciones una vez al año.*

Menciono el sueño primero porque hay un número alarmante de personas en nuestra sociedad (y en el ministerio) que viven privadas de sueño. La falta de sueño nubla nuestra capacidad de pensar, retrasa nuestras habilidad de responder, nos torna emocionalmente frágiles y nos deja sin defensas ante la enfermedad. Lo mejor que podemos hacer por nosotros es dormir bien por las noches.

Para el descanso semanal, el ciclo de un día cada siete es un ritmo bíblico, sano y posible. El principio de romper con el trabajo regular un día de cada siete es, en realidad, el ciclo que Dios incorporó al orden creado desde Génesis 1. El día de descanso es el plan de Dios para restaurarnos mental, emocional y físicamente. En el Antiguo Testamento, el día de descanso se extendía desde la puesta de sol del viernes a la puesta de sol del sábado. El día de descanso semanal de los pastores no debería ser el domingo, por supuesto, y el sábado tampoco sería una posibilidad realista. Muchos líderes en el ministerio se toman el lunes, otros se toman el martes, o algún otro día de la semana. Personalmente, me tomo los viernes para poder comenzar el fin de semana más descansado.

El día de la semana que escojamos para descansar no es tan importante como el tener suficiente tiempo para acomodarnos y reflexionar, hacer algo diferente al trabajo y pasar un día con tranquilidad. Las actividades físicas, entre las que se incluye el trabajo manual, pueden ser una buena alternativa contrapuesta a la naturaleza relativamente sedentaria de lo que hacemos como líderes en el ministerio durante la semana. El descanso también puede incluir pasar tiempo con la familia, pasar tiempo (no relacionado con el ministerio) con el Señor, leer libros, tener un pasatiempo, o cualquier otro tipo de actividades personales, siempre que no sean atender llamadas relacionadas con el ministerio o responder correos electrónicos del trabajo. Algunos quizás nos hemos vuelto adictos a nuestros celulares o tabletas.

Una vez al año, es importante romper con el trabajo un tiempo suficiente que nos permita alejarnos de las exigencias constantes que conlleva dirigir un ministerio. Parte del descanso pasa por cambiar físicamente el ritmo de la vida. Otra parte es alejarse mental y emocionalmente del trabajo, lo que también sirve para restaurarnos físicamente. Para el tipo de recuperación que necesitan tanto el cuerpo como el alma se requiere tiempo. En este sentido, tomarse unas vacaciones de dos semanas de duración puede ser mejor para nuestra vida que tomarse una serie interrumpida de dos o tres días libres a lo largo del año.

Dieta

Lo que comemos afecta cómo nos sentimos, nuestra apariencia física y la energía que tengamos para cumplir el llamado de Dios para nuestra vida. Aunque el descanso regular es una actividad básica para el cuidado de nuestro cuerpo, no podemos pasar por alto la buena nutrición cuando se trata de nuestra salud personal y el sentirnos bien en general.

Lamentablemente, la obesidad se ha convertido en una grave epidemia global en las últimas décadas. En Estados Unidos, más de dos tercios de los adultos tienen sobrepeso y un tercio son obesos. Según un informe de la Clínica Mayo: «Aunque hay factores genéticos y hormonales que influyen en el peso corporal, la obesidad se presenta cuando una persona consume más calorías que las que puede quemar por medio del ejercicio físico y las actividades de la vida diaria normal. El cuerpo almacena el exceso de esas calorías como grasa.»[30] Además, conlleva riesgos de enfermedades cardíacas, diabetes e hipertensión, para mencionar solo algunos de los problemas de salud asociados a la obesidad.

Un equipo de investigadores de Baylor University reveló que «más de un tercio de las personas del clero en Estados Unidos son obesos; entre las causas figuran el estrés, las largas horas, las bajas remuneraciones y la falta de cuidado personal.»[31] Por otra parte, la misma investigación señaló que la obesidad tenía una incidencia claramente menor entre los miembros del clero que se tomaban un día semanal de descanso o un año sabático, o que pertenecían a un grupo de apoyo entre colegas. Hemos considerado que el descanso es una clave esencial para cuidar de nuestro cuerpo. Lo que no debemos obviar, sin embargo, es que el descanso está estrechamente relacionado con los hábitos alimentarios y la obesidad física. El factor determinante suele ser el estrés.[32]

El proyecto de investigación de Baylor también incluyó un enfoque práctico de la dieta. Sugería: dejar de consumir comida chatarra; comer menos carne; prestar atención al hambre, para no comer más que lo necesario para satisfacerla; evitar desperdiciar comida; y no comer nunca sin dar gracias a Dios por los alimentos, para recordar que la comida es un regalo de Dios.[33] Son hábitos sencillos pero importantes, que pueden producir diferencias tangibles, tanto en nuestro peso como en la sensación general de bienestar.

Mantener una dieta saludable no debería ser complicado.

Hay muchos recursos educativos sobre nutrición, que se pueden obtener de médicos, sitios de internet serios y librerías. Las dietas drásticas suelen producir solo beneficios de corto plazo. Mi mejor consejo, en lo posible, es desarrollar hábitos constantes de alimentación para controlar el peso y mantener la vitalidad, en oposición a dietas extremas esporádicas. Mantener una dieta saludable no debería ser complicado. La clave es moderar nuestro consumo de dulces, carbohidratos y grasas «malas» (en oposición a grasas «sanas»), y pensar dos veces antes de repetir cuando almorzamos y ya nos sentimos relativamente satisfechos.

Como con las demás cosas, alimentarse también tiene una dimensión espiritual. Todo el mundo se alimenta para sobrevivir, la mayoría de nosotros también comemos porque disfrutamos la comida, y muchos comemos porque nos agrada la experiencia comunitaria. Pero, a veces, también comemos para saciar el hambre emocional y espiritual de nuestra vida. Desperdiciamos el alimento cuando lo usamos para contrarrestar el estrés, satisfacer nuestra sensualidad o solucionar cualquier otro problema sin resolver de identidad. Como seguidores de Cristo, somos nuevas criaturas en Él. Jesús es nuestra porción sanadora y la fuerza de nuestro sustento. «De modo que si alguno está en Cristo, nueva criatura es; las cosas viejas pasaron; he aquí todas son hechas nuevas» (2 Corintios 5:17 RVR 1960). En Él, podremos superar los hábitos de comer en exceso, o comer poco, o comer mal. *Podemos* ser libres para vivir bien, y aun comer bien, por medio de la nueva vida que tenemos en Él.

Ejercicio

En general, a muchos nos vendría bien comer menos y movernos más. Hay una idea errónea pero común de que solo con ejercicio podremos resolver nuestros problemas (o que solo con una buena dieta todo se arreglará). La combinación de ambas, junto con el descanso adecuado, es la mejor receta para cuidar bien de nuestros cuerpos.

Como con la dieta, el solo hecho de pensar en el ejercicio regular hace que nos sintamos culpables. Según los médicos y otros profesionales de la salud, deberíamos hacer un mínimo de treinta minutos diarios de ejercicio físico todos los días,[34] algo que para la mayoría de nosotros nos parece imposible. Por suerte, los beneficios de la actividad física a lo largo del día son acumulativos, y por lo tanto, no necesariamente deberían ser treinta minutos ininterrumpidos de ejercicio.

Caminar es un buen punto de partida. Si de no hacer ningún tipo de ejercicio se pasa a una caminata a buen ritmo todos los días, los beneficios a la salud pueden ser considerables. Caminar también es un buen ejercicio porque mientras caminamos podemos hacer otras cosas. Podemos caminar y tener comunión con el Señor, o cultivar la relación con un amigo, o pensar en una decisión relacionada con el liderazgo. Caminar también estimula el flujo sanguíneo a nuestro cerebro y nos ayuda a pensar con más claridad.[35]

Por supuesto, hay muchas otras maneras en que podemos mantenernos físicamente activos durante el día. Jugar con nuestros hijos, subir por las escaleras en vez de usar el ascensor, limpiar y ordenar el garaje... son todas actividades que contribuyen a los beneficios acumulativos del ejercicio físico.

Para quienes están en buen estado físico, el mejor régimen es una combinación de ejercicios físicos cardiovasculares, entrenamiento de resistencia y estiramientos.[36] Los ejercicios cardiovasculares ayudan a la circulación, la salud del corazón, el nivel de energía y la reducción del colesterol. Crear masa muscular mediante ejercicios de resistencia, como levantar pesas, puede aumentar nuestro metabolismo y aun ayudar al cuerpo a quemar grasa cuando no estamos haciendo ejercicio. A medida que envejecemos, los ejercicios de estiramiento también son cada vez más importantes para mantener la flexibilidad.

Todo esto requiere tiempo y, por desgracia, también disciplina. Necesitamos convencernos de su importancia. Comencemos fijándonos metas accesibles, y luego propongámonos metas más difíciles. Hacer ejercicio con alguien ayuda a mantener la disciplina y es más ameno. Para festejar los logros, sin embargo, deberíamos evitar recompensarnos solo con comida. El ejercicio debería ser parte de nuestra planificación semanal, para así ejercitarnos varias veces a la semana y no hacer mucho ejercicio esporádicamente.

Mantener la motivación en el tiempo es un gran desafío para muchos de nosotros. Sin embargo, cuando hago ejercicio intento recordarme que lo estoy haciendo por una familia que me necesita y por una iglesia que quiere seguir teniendo a su pastor. Lo mismo vale para la comida y el descanso. Debido a nuestras funciones como miembros de una familia y líderes en el ministerio, mucha gente depende de nosotros. Como alguien alguna vez dijo: «Si no lo hacemos por nosotros, hagámoslo por lo menos por amor a aquellos que nos aman».

Por sobre todo, descansemos, comamos y hagamos ejercicio para la gloria de Dios. Él creó los cuerpos que tenemos; Él es el dueño de nuestro cuerpo. Somos administradores de la salud y la energía que Él nos dio. Son regalos de su mano, pero conllevan límites que debemos respetar. No le exijamos tanto al cuerpo que acabemos por dañarlo, ni comamos tanto que apresuremos nuestra muerte o perdamos vitalidad, por causa de la desidia o la falta de disciplina.

El apóstol Pablo lo expresó bien: «*Honren a Dios con su cuerpo*». Que nuestra respuesta sea: «Sí, Señor» y «ayúdanos, Señor», y «lo haremos para tu gloria, Señor».

CAPÍTULO 11

Fortaleza emocional

«Estamos atribulados en todo, mas no angustiados; en apuros, mas no desesperados.»
2 Corintios 4:8

Mientras él esperaba la palabra final que certificara su elección como el primer presidente de Estados Unidos, George Washington se lamentó y le comentó a un colega que «los movimientos a la presidencia del gobierno están acompañados de sentimientos no muy distintos a los de un culpable que se dirige a ser ejecutado».[37] Tal vez nos parezca algo mórbido, pero Washington tenía en parte razón. Dirigir a la sociedad civil no es tarea fácil. Hasta ese momento, él había sido un aclamado y respetado héroe militar, pero todo eso pronto llegaría a su fin.

El liderazgo, generalmente, significa salir herido en algún momento, de alguna manera. Uno de mis pastores ejecutivos, Chip Johnson, me ayudó con esto. Tenía una lucidez intuitiva cuando se trataba de sistemas de liderazgo, y un día intuyó correctamente que me sentía desanimado. Usando una metáfora del béisbol me dijo: «Jim, la gente gritará y te aplaudirá cuando hagas un jonrón, y esa misma gente te abucheará cuando falles... Pero difícilmente encontrarás a alguien dispuesto a tomar tu lugar, meterse en el partido y jugar».

Nuestras aptitudes en el ministerio pueden ser impresionantes, pero sin la fortaleza interior para arriesgarse y tomar la iniciativa, o la capacidad emocional de resistir los riesgos y la crítica que conllevan el liderazgo, probablemente no podremos ser capaces de dirigir un ministerio. El liderazgo requiere tanto *coraje para la misión como capacidad emocional*. Ambos requisitos son inseparables. Es lo que diferencia a los líderes verdaderamente buenos del resto. Y, no obstante, la dimensión emocional a menudo se pasa por alto en el liderazgo.

Bill Hybels, el pastor de la famosa iglesia de Willow Creek, escribió un artículo para la revista *Leadership Journal* hace varios años. El título era «Presta atención a los indicadores». En aquel artículo confesó: «Los aspectos espirituales y físicos de la vida eran importantes, pero me había olvidado de tomar en cuenta otra área esencial para la salud del ministerio: la fortaleza emocional. Estaba tan agotado emocionalmente, que ni siquiera era capaz de discernir la actividad o la voz de Dios en mi vida».[38]

El agotamiento emocional se conoce con varios nombres: desgaste, fatiga crónica, neurastenia, depresión, colapso nervioso, surmenage, inestabilidad, o aun crisis de fe. Todos los líderes son vulnerables a este síndrome. Cuidar la salud emocional, o la fortaleza emocional, es crucial para manejar el estrés y no dejarse aplastar por los factores de estrés a que están sujetos quienes ocupan una posición de liderazgo. Como nuestro ser es una unidad, cuidar nuestra salud espiritual y física es sin duda importante, pero necesitamos sincerarnos y prestar atención también a nuestra vida síquica y emocional.

El Dr. Richard Swenson fue pionero en este campo y en su libro *Margin* [Margen], para enfatizar este punto, comienza con una definición: «El margen es la capacidad extra por encima de lo necesario. Es una reserva para las contingencias o los imprevistos».[39] A continuación, sugiere: «De los cuatro márgenes —la energía emocional, la energía física, el tiempo y los recursos económicos—, la energía emocional es la más importante. Cuando tenemos fortaleza emocional, podemos enfrentar nuestros problemas con esperanza y fuerza. [...] La sobrecarga emocional consume nuestras fuerzas, paraliza nuestra determinación y maximiza nuestra vulnerabilidad, dejando la puerta abierta para una mayor erosión del margen».[40]

Visto lo importante que es desarrollar la resiliencia emocional, ¿cómo es que prescindimos de esta fortaleza y, al mismo tiempo, nos volvemos cínicos y nos distanciamos emocionalmente de aquellos a quienes amamos y de los ministerios que dirigimos?

Los patrones de pensamiento

La salud emocional comienza con la manera en que pensamos. Los sentimientos no son causas, son consecuencias; son el resultado de aquello que nos decimos a nosotros mismos. A veces nos decimos verdades; otras veces, no. Lo que nos decimos, no obstante, bueno o malo, afectará nuestra posibilidad de resistir emocionalmente a la realidad que, según nuestras percepciones, nos rodea. Por eso justamente Pablo, en el versículo inmediatamente antes de asegurarnos de que «el Dios de paz estará con ustedes» (Filipenses 4:9), nos exhorta a cuidar nuestros pensamientos.

Hay cuatro ideas equivocadas o maneras de pensar perniciosas que, a mi entender, son comunes entre los líderes. Cada una agota las reservas emocionales que los líderes deberían conservar.

> **Los sentimientos no son causas, son consecuencias; son el resultado de aquello que nos decimos a nosotros mismos.**

Pensar solo en el desempeño, o los resultados

Pensar solo en el desempeño se centra en la idea errónea: «Soy lo que hago». Pero si mi identidad está determinada por lo que hago, ¿quién seré o cómo me sentiré cuando ya no pueda «hacer» nada? Si llegara a fracasar, o si no me ascendieran en el trabajo, o cuando me tenga que jubilar, esta manera de pensar me llevará a una crisis de identidad. Cuidar la fortaleza emocional comienza por no creer que nuestra identidad se basa en lo que hacemos.

Además, si no se frena, pensar solo en el desempeño puede crear en nuestra vida un estímulo malsano: solo nos sentimos motivados cuando tenemos un objetivo. Si bien obrar con un propósito puede ser aparentemente noble, podría también tratarse de algo egoísta y ajeno al llamamiento de Dios. Cuando creemos que somos lo que hacemos, «necesitamos que nos necesiten», nos consideramos «imprescindibles» y los conflictos por el liderazgo pueden tornarse en un asunto personal.

Al mismo tiempo, nos volvemos menos tolerantes a la frustración; todo porque en el fondo nuestra identidad está demasiado ligada a nuestro desempeño.

Pensar solo en el desempeño también puede infectar nuestra relación con Dios. Es digna de aprecio la sinceridad con la que el director y autor Fil Anderson describe su propia caída en el desgaste: «A medida que me proyectaba a mi nuevo ministerio, nuevamente no pude ser capaz de diferenciar entre el trabajo y mi persona. [...] Por defecto, tiendo a creer que la aceptación de Dios, su amor y cuidado para mí vida están en proporción directa al nivel de mi actividad para Dios. Este sistema de creencias (cuanto más hago para Él, tanto más me amará Dios) ha dictado todas mis actividades, más que ningún otro factor. *Y amenaza con devorar mi alma*»[41] (énfasis mío).

Pensar que todo tiene que salir a la perfección

Si pensar solo en el desempeño dice: «Soy lo que hago», el perfeccionista piensa: «Si lo haré, tengo que hacerlo a la perfección». Mi esposa es —por confesión de su parte— una perfeccionista en recuperación. Tuvo que sacrificar muchas cosas cuando se casó conmigo, ¡claro! Sin embargo, en varias ocasiones la he escuchado describir cómo el perfeccionismo la llevaba a ver la vida como una cuestión de todo o nada. Las cosas eran completamente buenas o no servían para nada; no había término medio; deficiente o sobresaliente; si iba a participar, daría el 100 %, de lo contrario, que no contaran con ella. La mentalidad perfeccionista está también atravesada de obligaciones irrealistas: «*No debería* cometer ningún error», «siempre *tendría que* conocer la respuesta». O, peor aún: «Las personas *deberían* ser como yo quiero que sean, *perfectas*».

En un artículo muy lúcido, «Suficientemente bueno», redactado por la consejera Paula Rinehart, esta escritora describe su propia

Si pensamos en alcanzar la perfección, quedaremos atrapados en un sentimiento de culpabilidad infundada.

batalla con su inclinación al perfeccionismo y la tendencia a identificar el desempeño con lo que somos. Un día, al borde del agotamiento, le preguntó a su esposo: «¿Por qué te parece que Dios hace que sea tan difícil servirle?». Hiciera lo que hiciera, ella sentía que nunca lo hacía del todo bien. Cambió radicalmente, en sus palabras, cuando «finalmente me di cuenta de que mi 'crítico interior' no era la voz de Dios».[42] Una cosa es obedecer al Señor, hacer lo mejor que podamos y dejar el resultado en manos de Dios; otra completamente distinta es no poder librarnos de esas tres palabras inquietantes: «No fue suficiente».

Si pensamos en alcanzar la perfección, quedaremos atrapados en un sentimiento de culpabilidad infundada. Como nos percibimos en falta, no solo nos sentimos culpables, sino que creemos que no servimos para nada. La culpa equipara nuestra falta de perfección con una falta de dignidad personal, y nos obliga a ocultarnos. Esto lo único que consigue es reafirmar las mentiras. La salud emocional no es posible si no enfrentamos con absoluta sinceridad la persona que somos y lo que sentimos.

Aunque no me considero un perfeccionista, tuve que superar algunos problemas de culpa y vergüenza en mi vida: el aceptar que soy imperfecto, por una parte, y el sentirme que no sirvo para nada, por otra. Aquí es donde necesitamos el evangelio. En Cristo, nuestro valor no depende de *nuestra* perfección, sino de *su* perfección. El evangelio nos libera de la *auto*justificación y nos permite empezar de nuevo en Jesús. En Él encontramos la verdadera sinceridad, libertad y sanidad emocional a todas nuestras debilidades.

Pensar que podemos agradar a todo el mundo

Sin duda este es un verdadero desafío para la mayoría de líderes que conozco, y yo soy tan vulnerable como cualquiera. Pero el apóstol Pablo es tajante. «Si yo buscara agradar a otros, no sería siervo de Cristo» (Gálatas 1:10). Es evidente que, en parte, se trata de un problema espiritual. Tememos más a la gente que a Dios.

Sin embargo, también es cierto que esta inclinación por agradar a la gente es la contracara negativa de lo que implica tener intención de ser un buen líder. Deseamos tener sensibilidad, preocuparnos por la gente, influir en las personas para que nos sigan, como nosotros seguimos a Cristo. Y casi con toda seguridad que no desearán seguirnos si no les agradamos. Sin embargo, llevado a un extremo, el riesgo está en cruzar esa línea peligrosa y pasar a tener una dependencia enfermiza de la aprobación de los demás.

Y vaya cómo se manifiesta esto cuando nos critican. La consecuencia emocional puede ser devastadora si no sabemos manejar la crítica y no respondemos adecuadamente a quienes nos critican. A continuación, sugiero algunas pautas que en el curso de los años me han ayudado a mitigar el dolor de no poder complacer a todo el mundo:

☐ **Estar siempre dispuesto a aprender.** En general, hay algo de verdad en las críticas que recibimos, aun cuando no sean del todo justas.

☐ **Evitar personalizar la crítica.** Necesitamos ser lo suficientemente humildes para no tomar la crítica como algo personal; hacerlo nos podría llevar a reaccionar de manera exagerada o a no entender bien cuál es el verdadero problema.

☐ **Tener en cuenta el dolor de quienes nos critican.** Lamentablemente, la gente cuando se siente mal tiende a lastimar a otros y criticarlos. A veces, lo que están haciendo es proyectar sus conflictos internos sobre nosotros.

☐ **Consultar a personas de confianza.** Cuando la crítica nos hiere, tendemos a perder objetividad; por eso es bueno conversar el tema con nuestra esposa, amigos y otros líderes, que podrán ayudarnos a determinar cuánto hay de legítimo en la crítica, cuánto hay que no tiene fundamento, y cuál sería la mejor manera de responder a la crítica.

☐ **Orar.** Quienes nos critican necesitan que oremos por ellos y sus problemas, y nosotros necesitamos la ayuda del Espíritu Santo para sanar nuestras propias dolencias.

Concentrarnos en los problemas

Nuestra reserva emocional puede agotarse seriamente si nos preocupamos en exceso. Cualquiera que dirija un ministerio sabe que los problemas están a la orden del día: problemas personales, de relaciones, económicos y financieros, de organización... la lista parece interminable. Para complicar todo aún más, algunos somos más propensos al pesimismo y la melancolía que hacia el optimismo y la alegría. Es difícil lidiar con las emociones de la vida, mucho menos navegar a través de los desafíos del liderazgo, cuando nos sentimos abatidos todo el tiempo.

Un joven líder cristiano, que había pasado por muchas situaciones desalentadoras, me confesó que un día él y su esposa tomaron la decisión de que no se contentarían con sobrevivir, sino que *prosperarían*. Decidieron convertirse en personas de fe, vivir con alegría y no dejar que sus problemas determinaran su perspectiva. Me describió la increíble transformación que eso produjo en sus actitudes y en el disfrute de la vida. Solo después se produjeron unas maravillosas transformaciones en el ministerio que dirigían.

Pensemos en la grandeza de Dios, no en lo grande que son nuestros problemas

El apóstol Pablo nos aconsejó: «No se inquieten por nada» (Filipenses 4:6). Poder prosperar a pesar de nuestros problemas es uno de los privilegios que tenemos como líderes ungidos por el Espíritu y llamados por Dios. «Para Dios todo es posible», declaró Jesús (Mateo 19:26). Pensemos en la grandeza de Dios, no en lo grande que son los problemas. La oración debería ser más que un ejercicio cuando estamos preocupados. Somos personas de fe, y la fe «tiene que creer que él existe y que recompensa a quienes lo buscan» (Hebreos 11:6).

El estilo de vida que decidimos tener

Para quienes ocupamos una posición de liderazgo nos resulta difícil sincerarnos cuando se trata de nuestras luchas emocionales. Pero la sinceridad con uno mismo y con los demás puede ser el punto de partida de una renovación tanto espiritual como emocional. En ese camino, no solo nos encontramos con nuevas maneras de pensar, sino también con decisiones sobre el estilo de vida que adoptaremos y que pueden fortalecer nuestra salud emocional. A saber:

Tómate tiempo para ti mismo

A pesar del falso sentido de culpa que pueda provocarnos, nunca deberíamos subestimar la necesidad de hacernos tiempo para relajarnos, reír, divertirnos, realizar actividades que nos renueven emocionalmente y, en general, «desconectarnos» de nuestro ministerio. George Grant lo explica con una poderosa imagen:

> Hacia fines del siglo XIII, cuando los normandos ingleses adoptaron la nueva tecnología militar de los arcos largos, se dieron cuenta de que la mejor precaución que un arquero podía tomar cuando no estaba usando el arco era simplemente sacarle la cuerda. Al aflojar la tensión, la fuerza sobre el arco era menor, y el arco duraba más, la madera soportaba más tensión y el disparo de las flechas alcanzaba mayor distancia. Un arco al que nunca se le aflojaba la cuerda, pronto dejaba de ser eficaz. Un arco que estaba siempre tensado se tornaba inservible como arma ofensiva.[43]

Perdona las ofensas

Una vez me sentí muy lastimado por una persona que asistía a la iglesia donde trabajaba como pastor. Me invitaba a tomar un café, luego me criticaba durante una o dos horas, y cuando se despedía, me dejaba con la cuenta. Comencé a dudar de mi vocación para el ministerio. Luego desapareció durante un par de años. Cuando regresó, era una persona quebrantada. Me pidió ayuda, pero esta vez porque necesitaba un pastor. Nunca me pidió perdón, no obstante, yo sabía que tenía que tomar una decisión. ¿Dejaría que las ofensas del pasado, que todavía tenía presentes agobiaran mi futuro, o le daría una segunda oportunidad, como Cristo nos dio a todos, y me sacaría un peso de encima?

Por la gracia de Dios, decidí perdonarlo. El perdón nos libera espiritualmente, así dejamos de ser víctimas de las conductas ajenas. Ir por la vida con una carga emocional nos deja exhaustos. Si hemos de tener la reserva emocional que necesitamos para las cosas realmente importantes, debemos perdonar y seguir adelante.

Trabaja dentro de tus dones

Aunque el liderazgo con espíritu de servicio puede obligarnos a hacer lo que haya que hacer en cualquier momento, esto no debería ser la norma: nuestras responsabilidades principales deben corresponder a nuestros dones. Se requiere esfuerzo para hacer bien algo, sea lo que sea; por eso, cuando constantemente nos abocamos a hacer cosas sin tener el don para hacerlas, el desgaste emocional puede ser abrumador.

A veces, lo compensamos delegando responsabilidades básicas en exceso, y las asignamos a otros miembros del equipo, pero eso no constituye un liderazgo firme y aumentan las posibilidades de que algo salga mal y acabemos con aún más estrés. En última instancia, necesitamos que el Señor nos ayude a asumir aquellas responsabilidades para las que realmente tenemos dones: ya sea en la enseñanza, el liderazgo, la administración, el acompañamiento o la acción social.

Cambia lo que puedas; evita controlar lo que escapa a tu control

En su clásico libro *Stress/Unstress* [Estrés/libre de estrés], el Dr. Keith Sehnert describe unas investigaciones que probaron cómo los problemas relacionados con el control están en el centro mismo del manejo del estrés.[44] Cuanto más nos sentimos en control, tanto menos estrés experimentamos. Cuanto menos control tenemos sobre las decisiones que tomamos, tanto más estrés podríamos llegar a tener. Conducir en las horas pico es un buen ejemplo de esto.

Por desgracia, los ministerios están llenos de variables que escapan el control de sus líderes. La lista de cosas que escapan a nuestro control está encabezada por la gente. Podemos influir sobre la gente, pero no podemos controlarla. Intentar controlar a la gente es una receta para el desgaste emocional. Margaret Marcuson, en *Leaders Who Last*

[Líderes que perduran], aconseja: «Este es el factor clave que se necesita para seguir en el liderazgo. Pasamos de lo imposible (controlar a los demás) a lo meramente difícil (controlarnos a nosotros mismos). Cuando escucho a un líder comenzar una pregunta con "¿Cómo puedo hacer para que ellos hagan ...?", sé que necesitan plantearse otro tipo de preguntas: "¿En qué medida soy parte del problema? ¿Cómo puedo determinar con más claridad este problema?"».[45]

Controlarnos significa cambiar aquellas cosas que sí podemos cambiar: nuestros horarios, la manera en que preparamos y hacemos planes, las prioridades que nos hemos fijado y los liderazgos que hemos asumido. El resto está en manos de Dios, y podemos confiar en que Él hará su parte sin estrés de nuestra parte.

Integra un grupo de colegas con quienes compartir perspectivas

El aislamiento nos consume emocionalmente. Y cuando estamos con gente, hay algunas personas que nos agotan más que otras. Necesitamos cuidarnos para evitar pasar mucho tiempo a solas y procurar un equilibrio entre aquella gente en nuestra vida que consume nuestra energía y aquellas personas que nos estimulan y nos ayudan a llevar nuestras cargas. No es ser egoísta tener relaciones que nos llenan de vigor y salud.

A menudo escuchamos hablar de la soledad de los líderes, pero tal vez hemos convertido al liderazgo en una tarea más solitaria de lo que debería ser. Aun si estamos físicamente aislados, y no tenemos la posibilidad de juntarnos con otros líderes, dadas las nuevas tecnologías para la comunicación y las redes sociales, hoy no tenemos excusa para no comunicarnos y cultivar estas relaciones. Para preservar nuestra salud emocional debemos caminar con gente que sea capaz de dialogar con sinceridad, que entienda los problemas que enfrentamos, que sepa cómo orar por nosotros y que no se sienta amenazada por nuestros éxitos.

CAPÍTULO 12

Victoria espiritual

«Si en el día de la aflicción te desanimas,
muy limitada es tu fortaleza»
PROVERBIOS 24:10

N uestro Enemigo espiritual es real. Estamos en guerra, y no podemos olvidarnos de la oposición espiritual. Estoy convencido de que para extender las fronteras del liderazgo y hacer avanzar el reino de Cristo, no necesitamos buscar demonios: ellos vendrán a buscarnos. Sin llegar al extremo de glorificar lo que hace el Enemigo, reconozcamos que estamos librando una batalla y que debemos aprender a prevalecer en el nombre de Jesús, Aquel que venció a Satanás mediante su muerte en la cruz y que resucitó de los muertos.

La guerra espiritual es una realidad ineludible del liderazgo cristiano. Cuando los ministerios que dirijo comienzan a prosperar, invariablemente se incrementa la oposición espiritual. En una ocasión, era pastor de una iglesia en una ciudad sumida en la oscuridad espiritual. Había tantas tinieblas que a veces tenía que esforzarme al máximo solo para tener un día normal de trabajo. En otras ocasiones he escuchado a los misioneros comentar sobre el mismo tipo de experiencias. En otras iglesias, me he fijado que cuando nos convertimos en blanco de un ataque espiritual, los integrantes de mi equipo comienzan a sentirse incómodos y surgen conflictos entre ellos. Todo nos irrita, como un papel de lija sobre nuestro espíritu. A veces, he visto al Enemigo acosar a mi esposa y mis hijas con desánimo y experiencias dolorosas.

La preocupación de Pablo, cuando se despide de los efesios, es la misma que enfrentamos quienes dirigimos un ministerio: nuestra capacidad de fortalecernos «con el gran poder del Señor» para «hacer frente a las artimañas del diablo» (Efesios 6:10–11). El apóstol nos recuerda que nuestro verdadero enemigo no es la gente que nos ofende, ni quienes nos critican y se oponen a nosotros, ni siquiera los que nos persiguen para matarnos. Nuestra verdadera guerra se libra en las esferas espirituales ocultas, contra fuerzas siniestras, «contra poderes, contra autoridades, contra potestades que dominan este mundo de tinieblas, contra fuerzas espirituales malignas en las regiones celestiales» (Efesios 6:12).

Estas guerras no se ganan solo mediante la resolución de conflictos o la planificación estratégica. Sin duda que estas actividades son útiles, pero no para enfrentar las estructuras de poder del mundo espiritual de las tinieblas. Por sí solas, son tan efectivas como usar pistolas de agua para defenderse de un tanque de guerra. Por eso Pablo exhortó a los efesios: «Por lo tanto, pónganse toda la armadura de Dios, para que cuando llegue el día malo puedan resistir hasta el fin con firmeza» (v. 13).

Luego vinculó cada parte de la armadura a las realidades esenciales del evangelio: la salvación, la verdad, la justicia, la fe, la Palabra y el estar alertas (vv. 14–17). Esta armadura opera gracias al poder del Espíritu Santo y, todas las partes juntas constituyen una «armadura de Dios» espiritualmente fuerte, desde el punto de vista ofensivo como defensivo.

Pablo luego combinó el «ponerse» la armadura espiritual con una acción «en todo momento»: «Oren en el Espíritu en todo momento, con peticiones y ruegos» (v.18). ¿Dónde está la fuerza espiritual de cada pieza de armadura espiritual? ¿Qué mantiene unidas a las piezas para ser un todo unido y fuerte? ¿Cuál es la actividad fundacional común a

> Uno de los misterios más grandes de la relación entre Cristo y su Iglesia es que Él nos hace partícipes de sus propósitos.

todas las victorias en el mundo oculto? Es la oración: «en el Espíritu», «con peticiones y ruegos», «por todos los santos».

Samuel Chadwick decía con propiedad que: «La principal preocupación del diablo es que los cristianos no oren. No tiene nada que temer de los estudios bíblicos sin oración, el trabajo sin oración y la religión sin oración. Se ríe de nuestros esfuerzos, se burla de nuestra sabiduría, pero tiembla cuando oramos».[46]

Uno de los misterios más grandes de la relación entre Cristo y su Iglesia es que Él nos hace partícipes de sus propósitos. Él ha decidido obrar por medio de nosotros. Así es como debemos entender la oración. Su poder se libera cuando nos asociamos con Él, y oramos e intercedemos basados en su divina voluntad. Además de alimentar nuestra salud espiritual, la oración es lo que hace avanzar el ministerio porque se enfrenta primero a la oposición espiritual.

A. C. Dixon, pastor en el tabernáculo de Spurgeon, una vez señaló: «Cuando dependemos de la organización, conseguimos lo que una organización puede hacer; cuando dependemos de la educación, conseguimos lo que la educación puede hacer; cuando dependemos de la elocuencia, conseguimos lo que la elocuencia puede hacer. Pero cuando dependemos de la oración, conseguimos lo que Dios puede hacer».[47]

En última instancia, «lo que Dios puede hacer» nos infunde esperanza para resistir en la batalla espiritual que se libra a nuestro alrededor y contra nosotros. En Efesios 6:18, Pablo afirma que sí habremos de prevalecer si nuestras circunstancias, experiencias, conflictos y luchas están impregnadas de oración constante, *«en todo momento ... por todos los santos»*.

> ## Los intercesores saben que el conflicto espiritual exige lucha con oración.

La oración de intercesión

Pablo nos invita aquí a la oración de intercesión. Es una oración «en el Espíritu», pero centrada en las necesidades de otras personas. La intercesión es orar con fe a favor de los demás, como si clamáramos a Dios en representación de ellos. Aunque parezca extraordinario, Dios recibe con agrado estas oraciones a través de intermediarios. La intercesión abre el camino para la intervención de Dios en la vida de las personas y en las circunstancias que enfrentamos. Interceder por el prójimo es una manera de guiar a otros espiritualmente.

Los intercesores saben que el conflicto espiritual exige lucha con oración. La oración de intercesión es el clamor a Dios para que intervenga; es invocar su poder dador de vida para que se manifieste allí donde el Enemigo ha traído destrucción y pérdida. Por eso Pablo nos llama a «orar en el Espíritu, en todo momento... por todos los santos» (v. 18).

Ideas erróneas sobre los intercesores

Tristemente, abundan los estereotipos y las ideas erróneas sobre qué significa ser un intercesor. A aquellas personas que interceden mucho en el Espíritu se las tilda a menudo de emocionales, místicas, cuando no trastornadas. Parecen ser «extrañezas» espirituales en un mundo lleno de cristianos naturalmente normales. Tendemos, entonces, a etiquetar y estereotipar a estas personas, mientras que nosotros, en nuestra condición de líderes, prescindimos de una vida más profunda de oración, y bajamos las defensas contra el Enemigo, cuando quizás lo que más necesitemos sea justamente esa oración.

Otra idea errónea es pensar que los intercesores siempre tienen ganas de orar o que, al menos, orar les resulta fácil. Es cierto que cuanto más oramos, tanto más querremos orar, y cuanto menos oremos, menos deseos tendremos de orar. También es cierto que hay veces en que Dios nos imparte un sentido inusual de urgencia y la capacidad para orar con tesón y angustia.

Pero la oración *por todos los santos* también es un mandato. Por lo tanto, exige una decisión de obedecer, aunque no siempre sea fácil. Como la oración nos introduce en el mundo del conflicto espiritual, es común experimentar resistencia, fatiga y aun desánimo cuando nos proponemos orar. La verdadera intercesión puede tener un precio tanto físico como psicológico, aunque nos fortalezca espiritualmente.

Por supuesto, el punto crucial es la *decisión* de orar, no el *sentimiento*. No es hipocresía orar cuando no nos sentimos con ánimo de hacerlo. Dios escucha nuestras oraciones, a pesar de nuestras emociones. Él es fiel aun cuando nos sentimos cansados, o poco interesados en lo que pedimos. Lo que nos debilita a nosotros no lo debilita a Él. ¡Él no cambia! La cuestión no pasa por cómo nos sintamos, sino por lo que su Espíritu puede obrar en nosotros para despertar la fe y el deseo de Él, conforme nos entregamos simple y voluntariamente a la oración intercesora.

Pautas para la intercesión

¿Cómo podemos guiar a otros para que crezcan e intercedan por los demás? La siguiente lista son algunas cosas que me han sido personalmente útiles.

Démosle tiempo a Dios

Más que nada, Dios necesita que le dediquemos tiempo: tiempo para estar en su presencia y tiempo para que Él nos dé a conocer su voluntad. En muchas ocasiones, he comenzado a orar sin sentirme particularmente espiritual o motivado. En vez de desmoronarme bajo las presiones o un falso sentimiento de culpa, simplemente comenzaba a orar en lenguas, y dejaba que el Espíritu orara a través de mí. O escogía un pasaje de las Escrituras y lo hacía mi oración a Dios. O deliberadamente comenzaba a orar por necesidades concretas. Con tiempo, la voluntad de Dios se esparcía por mi frío corazón. A veces me parecía que comenzaba orando «en la carne» y terminaba orando «en el Espíritu». Pero todo esto requiere tiempo. Comienza dando pasos cortos, y avanza a partir de allí. El tiempo que pasamos con Dios doblega nuestro corazón a su voluntad, y despierta un anhelo inevitable de pasar más tiempo con Él.

Dependamos solo de los méritos de la sangre de Cristo

A menudo, nuestra inseguridad espiritual es debida a que nos condenamos, y eso nos debilita y aflige, porque sentimos que no somos dignos. Algunas personas descubren que este sentimiento se vuelve más pronunciado a medida que progresan en la intercesión efectiva. Este sentimiento es parte de la guerra espiritual y totalmente contrario al evangelio. Con frecuencia he tenido que afirmar por la fe, a pesar de lo que sentía, que mi posición delante de Dios se basa únicamente en la sangre que Cristo derramó por mí, y no en mis sentimientos ni en mi justificación propia. «En Él [en Cristo, no en nosotros], mediante la fe, disfrutamos de libertad y confianza para acercarnos a Dios» (Efesios 3:12).

Pensemos en la ayuda del Espíritu

Un amigo una vez me describió su itinerario hacia la intercesión de la siguiente forma: «Cuando oraba, solía comenzar buscando dentro de mí el deseo y las fuerzas para orar. Solo conseguía desanimarme. Pero, entonces, decidí que cuando iba a orar comenzaría por mirar hacia arriba, no hacia dentro, y le pediría al Espíritu Santo que viniera y me enseñara a orar. Cambió todo». El Espíritu Santo puede, enseñarnos a orar, y lo hace, y nosotros tenemos el privilegio de escuchar al Espíritu Santo conforme oramos. No todo depende de nosotros. Por eso no nos asombra que Pablo nos exhorte en Efesios 6 a orar «*en el Espíritu*».

Mantengamos la oración centrada en Dios y no en los problemas

Por esto justamente es tan importante comenzar la oración con alabanza. Hubo una etapa de mi vida en que evitaba orar largamente, porque sentía que no tenía la energía emocional para repasar todas las circunstancias y situaciones desalentadoras que tenía que poner

Los grandes intercesores a menudo pasan más tiempo adorando a Dios que pidiéndole ayuda.

en oración. Estaba más centrado en la enormidad de los problemas que en la grandeza de Dios. Terminaba media hora de oración más deprimido que al comienzo. Sin embargo, la intercesión que prevalece se centra en las promesas de Dios y en su provisión, por la fe, más que en las necesidades acuciantes. Los grandes intercesores a menudo pasan más tiempo adorando a Dios que pidiéndole ayuda.

Combinemos los pedidos concretos con la angustia espiritual

Es útil llevar una lista de oración y un diario de oraciones, donde podamos anotar los pedidos concretos que le hacemos a Dios y sus respuestas. Santiago 4:2 nos recuerda que la falta de respuesta suele ser porque oramos por cosas demasiado generales. Sin embargo, la intercesión a veces nos lleva más allá de la lista de oración, y oramos con la angustia, la pasión y el amor de la voluntad de Dios. Interceder en lenguas, con llanto y aún con gemidos cuando nos embarga la angustia espiritual puede ser parte de esto. Necesitamos estar abiertos, orar conforme al corazón de Dios, y permitir que su Espíritu ore a través de nosotros conforme a su voluntad. Llegado este punto en el proceso de intercesión por otras personas, podríamos incluso encontrarnos realmente oponiéndonos a las potestades de los demonios y a sus propósitos, ya que pueden haberse introducido en las personas y las situaciones por las que oramos.

Formemos equipos de oración

Pablo exhortaba a los efesios a orar en todo momento «por todos los santos», y por él también: «Oren también por mí» (Efesios 6:19). A veces le digo a la gente que oro por mí, ¡no vaya a ser que nadie más esté orando por mí! Pero qué poderoso es cuando otras personas oran específicamente por nosotros también. Necesitamos este tipo de oración si hemos de prevalecer como líderes al frente de un ministerio. Cuántas veces he sentido que mi espíritu se elevaba, cuando las circunstancias y las batallas espirituales tendrían que haberlo aplastado, simplemente porque hubo quienes intercedieron por mí en oración y Dios les respondió a mi favor.

En dos de las iglesias en las que fui pastor había unos cien hombres en cada una que se habían comprometido a ser mi compañero de oración personal. Elegían un día de la semana (salvo el domingo) para orar específicamente por mí por ser su pastor. Les enviaba un pedido personal, familiar o relacionado con el ministerio cada semana. Luego, los domingos, los equipos de hombres oraban durante los cultos matutinos dominicales en otro salón: por mí, por la iglesia, y unos por otros. Los equipos estaban organizados para orar por mí en un día particular de la semana: entonces, un domingo, el equipo de los lunes;

al domingo siguiente, el equipo de los martes, etc. Una consecuencia no prevista fue que los hombres aprendieron a orar e incluso adquirieron confianza para ser los jefes espirituales de sus respectivas familias. Por mi parte, como pastor estaba cubierto de oración.

Alabanza – Confesión – Petición - Confianza

Por supuesto, orar unos por otros es, en última instancia, tarea de toda la iglesia. Más allá de los sistemas y estrategias que tengamos en el ministerio, la oración es lo que nos hace fuertes. Por eso, como forma de enseñar a orar, desarrollé un simple acróstico en torno a la palabra **ORAR** (PRAY, en inglés). En español, el acróstico no funciona, pero son solo cuatro palabras fáciles de recordar. Tomo la idea del ejemplo de Nehemías en el Antiguo Testamento. Cuando Nehemías se enteró de que los muros de Jerusalén estaban caídos y que las puertas se habían incendiado, lloró y ayunó durante varios días. La esencia de su oración, según Nehemías 1:5–11, se ajusta a un esquema de intercesión que es muy fácil de aprender:

Alabanza
Nehemías no comenzó su oración con un pedido, sino con una expresión de alabanza. Mientras alababa, se centraba en aquellos atributos de Dios que necesitaría si se reconstruirían las murallas. Comenzó con las dimensiones de la grandeza de Dios, más que con la enormidad de la desafiante tarea que tenía por delante.

Confesión
Cuando venimos ante la presencia de Dios, inevitablemente tomamos consciencia de nuestro pecado e indigna pequeñez. Sin embargo, el arrepentimiento sirve para limpiar el desorden espiritual y, en palabras de Juan el Bautista, prepara «el camino del Señor». Nehemías confesó tanto sus propios pecados como los de su nación.

Petición
La oración no busca torcer el brazo de un Dios reacio, sino conmover el corazón de un Dios que siempre quiere ayudarnos. Nehemías apela a las promesas de Dios para pedir

por la reconstrucción de las murallas. Las promesas de Dios son expresión de la voluntad divina de ayudarnos. Nehemías citó la Palabra de Dios, recordó las promesas de Dios y pidió humildemente la intervención y la ayuda de Dios.

Confianza
Nehemías sabía que el Señor a veces nos llama a ser nosotros la respuesta a nuestras oraciones. Terminó su oración con una entrega conmovedora, se entregó a los propósitos de Dios y se sometió a la fuerza de Dios. En vez de decir «amén», simplemente dijo sí al favor, la dirección y la ayuda de Dios.

La hierba en nuestro sendero

La intercesión *«por todos los santos»* es una oración increíblemente potente. Cambia los ministerios y nos ayuda a prevalecer como comunidades espirituales. El Enemigo las combatirá con todo tipo de distracciones y obstáculos que pueda arrojarnos, pero Dios será fiel a la oración de fe.

En la conferencia de Lausanne III de 2010, en Sudáfrica, un pastor pentecostal de Kenia relató la historia del avivamiento en África Oriental de hace cincuenta años. Durante ese tiempo, la gente iba a las chozas de oración y lugares de intercesión en la selva por senderos bien gastados. Entonces, cuando algunos cristianos dejaban de orar, sus amigos observaban el estado de sus senderos, y se animaban unos a otros con estas palabras: «Hermano, la hierba comenzó a crecer en tu sendero».[48]

Como líderes del pueblo de Dios, enfrascados en una batalla espiritual y con la determinación de prevalecer, tenemos el desafío de nunca dejar que la hierba crezca en el sendero que nos conduce a la oración.

NOTAS FINALES

1. http://www.brainyquote.com/quotes/keywords/overnight_success.html

2. Chuck Miller, *The Spiritual Formation of Leaders* (New York: Xulon Press, 2007), 5.

3. James S. Stewart, *The Life and Teaching of Jesus Christ* (Nashville: Abingdon Press, 1978), 24.

4. Eugene H. Peterson, *El camino de Jesús* (Editorial Patmos, 2009).

5. Tim Elmore, *Habitudes Book #1: The Art of Self-Leadership, Faith Based* (New York: Tower Books, Poet Gardener, 2010).

6. Frank Bartleman, *Azusa Street* (New Kensington, PA: Whitaker House, 1982), 58.

7. Miles Stanford, *Principles of Spiritual Growth* (Lincoln, NB: Back to the Bible Publisher, 1982).

8. Adaptación de Dick y Ruth Foth, *When the Giant Lies Down* (Wheaton, IL: Victor Books, 1995), 13.

9. J. Oswald Sanders, *Liderazgo Espiritual* (Portavoz).

10. Bernie May, *Learning to Trust: Developing Confidence in God* (Colorado Springs: Multnomah Publishers, Inc., 1985).

11. www.brainyquote.com/quotes/quotes/p/phillipsbr121609.html

12. Sanders, *Liderazgo Espiritual*.

13. Robert E. Coleman, *Plan sumpremo de evangelización* (El Paso, TX; Casa Bautista de publicaciones, 1983).

14. Oswald J. Smith, *The Cry of the World* (Great Britain: Purnell and Sons, Ltd., 1959), 47.

15. http://www.crustore.org/fourlawseng.htm

16. Adaptación de Norman Shawchuck and Roger Heuser, *Managing the Congregation*, (Nashville: Abingdon Press, 1996), 43–55.

17. Shawchuck and Heuser, *Managing the Congregation*, 43–55.

18. Información general: en.wikipedia.org/wiki/Edwin_Friedman

19. http://lc3.littlechute.k12.wi.us/literacy/Gradual%20Release%20of%20Responsibility.pdf

20. Patrick Lencioni, *Death by Meeting* (San Francisco: Jossey-Bass, 2004).

21. William Manchester, *The Last Lion* (Canada: Little, Brown & Company, 1988), 210.

22. Ibid.

23. Rick Warren, *Preaching for Life Change Seminar Notebook*, 21.

24. http://thinkexist.com/quotation/things_which_matter_most_must_never_be_at_the/180010.html

25. http://en.wikipedia.org/wiki/Edwin_Friedman

26. J. Russell Crabtree, *The Fly in the Ointment* (New York: Church Publishing, 2008), 9.

27. Stephen M. R. Covey, *La velocidad de la confianza* (Barcelona, España; Paidós Iberica, 2007).

28. Bob Wells, «Which Way to Clergy Health?» *Divinity*, Fall 2002.

29. Barbara Brown Taylor, «Divine Subtraction,» *The Christian Century*, November, 1999.

30. Mayo Clinic online, http://www.mayoclinic.org/diseases-conditions/obesity/basics/causes/con-20014834

31. Todd Ferguson, «Occupational Conditions, Self-Care, and Obesity Among Clergy in the United States,» *Journal of Social Science Research*, Volume 49, January 2015, also accessible at http://www.sciencedirect.com/science/article/pii/S0049089X14001690

32. Ibid.

33. Ibid.

34. Mayo Clinic en internet, http://www.sciencedaily.com/articles/p/physical_exercise.htm.

35. Emily Lenneville, «Why Do I Think Better After I Exercise?» *Scientific American Mind*, Volumen 24, Número 3, 6 de junio de 2013 también disponible en http://www.scientificamerican.com/article/why-do-you-think-better-after-walk-exercise/.

36. Barbara Robb, «Exercise and Physical Activity: What's the Difference?»; sitio en internet de Cox Health, http://www.everydayhealth.com/fitness/basics/difference-between-exercise-and-physical-activity.aspx.

37. Ronald Chernow, *Washington: A Life* (New York: The Penguin Press, 2010), 259.

38. Bill Hybels, «Reading Your Gauges,» *Christianity Today: Leadership Journal*, Spring, 1991, 32.

39. Richard A. Swenson, MD, *Margin: Restoring Emotional, Physical, Financial, and Time Reserves to Overloaded Lives* (Colorado Springs: NavPress, 1992), 91–92.

40. Ibid, 103.

41. Fil Anderson, *Running on Empty* (Colorado Springs: WaterBrook Press, 2004), 11, 37.

42. Paula Rinehart, «Good Enough: Are You Trying to Measure Up?» (The Ooze, August 28, 2002), disponible en http://theooze.annex.net/articles/print.cfm?id=101&process=pdf.

43. George Grant, «Unstring the Bow» (King's Meadow Study Center, June 16, 2012) http://kingsmeadow.com/grantianflorilegium/unstring-the-bow/

44. Keith W. Sehnert, M.D., *Stress/Unstress* (Nashville: Augsburg Publishing House, 1981), 38–42.

45. Margaret J. Marcuson, *Leaders Who Last* (New York: Seabury Books, 2009), 3–4.

46. http://www.tentmaker.org/Quotes/prayerquotes3.htm

47. Según cita de Max Anders, Comentario Holman del Nuevo Testamento: Gálatas, Efesios, Filipenses, Colosenses (Nashville: Broadman and Holman Publishers, 1999).

48. James Stuart Bell, *The One Year Men of the Bible: 365 Meditations* (Wheaton, IL: Tyndale House Publishers, 2008), devocional del 6 de marzo.

RECONOCIMIENTOS

«Doy gracias a mi Dios cada vez que me acuerdo de ustedes.»
Filipenses 1:3

Como estudié para ser ingeniero y no pastor, he tenido que depender de la universidad de la vida para aprender cómo dirigir ministerios. Por tal motivo, estoy especialmente agradecido a mi familia, mentores, colegas en el ministerio, congregaciones y amigos que el Señor puso en mi camino, para ayudarme a cultivar y enriquecer esos aprendizajes.

Mis padres, Ted y Rheta Bradford, no eran pastores, pero fueron unos de los líderes voluntarios más activos que he conocido en la iglesia local. Mi intención original de ser un ingeniero consagrado a Jesús se debió, en parte, a que ellos me enseñaron que no había que ser necesariamente pastor para servir en el ministerio cristiano.

Después de tres años trabajando a tiempo completo como pastor, todavía era soltero y el Señor me presentó a mi esposa, Sandi. Su padre, Paul Lowenberg, era un poderoso predicador; su madre, una santa en todo sentido del término. Dadas esas fuertes influencias en el ministerio, unidas a sus propias experiencias en el ministerio en Estados Unidos y Europa, los consejos de Sandi, su perspectiva y compañía fueron un regalo de Dios en mi vida. Todavía es mi mejor amiga y mi compañera más íntima de oración. Su hermano, Doug Lowenberg, también se convirtió en un gran amigo y ejemplo de vida.

Sandi es también una maravillosa mamá. Con su ayuda, fue posible que nuestras dos hijas, Meredith y Angeline, estuvieran dispuestas a mudarse varias veces de ciudad y cambiar de vida, simplemente por causa del llamado de Cristo a nuestra familia.

Meredith y Angeline han sido instrumentos en manos del Señor dondequiera que hemos estado. Son un deleite para mi corazón.

Temprano en mi liderazgo, el Dr. George Wood, hoy Superintendente General del Concilio General de las Asambleas de Dios, se convirtió en un amigo de confianza y mentor. Una de las experiencias de mi vida más exigentes fue sucederlo como pastor del centro cristiano de Newport Mesa, en el corazón de Orange County, California, donde él había trabajado durante diecisiete años. Desde entonces, él ha sido instrumental en abrirme muchas otras puertas de ministerio y servicio, donde he podido formarme y mejorar como líder en el ministerio.

Mis primeras experiencias en el liderazgo fueron como líder estudiantil en el ministerio universitario. Nunca olvidaré la influencia providencial de un compañero, Duane Flemming; el estímulo y la formación que me brindaron los directores nacionales de Chi Alpha, Dave Gable y Dennis Gaylor; y la influencia de otros líderes con dones para el ministerio universitario, a lo ancho y largo del país, cuyas vidas y modelos de trabajo marcaron mi vida.

Estoy profundamente en deuda con los maravillosos pastores asociados, el personal, los miembros de las juntas directivas y los voluntarios con los que el Señor me dio el privilegio de trabajar en las últimas tres décadas. Son, hasta el día de hoy, personas de inmenso talento y dedicación. Son demasiados numerosos para nombrarlos uno por uno, pero mucho de lo que he escrito en este libro es producto de la vida compartida con ellos y del aprendizaje en el ministerio que hicimos juntos.

La posibilidad de trabajar con estos colegas fue, en última instancia, posible gracias a cuatro congregaciones maravillosas que me recibieron con brazos abiertos y confiaron en mí para ser su pastor: Christians in Action University Church (hoy Sojourn Campus Church) en Minneapolis, Minnesota; Newport Mesa Christian Center (hoy la iglesia de Newport Mesa) en Costa Mesa, California; Broadway Church en Vancouver, Canadá; y la iglesia central de las Asambleas de Dios en Springfield, Missouri. Cada una de estas comunidades de creyentes contribuyó radicalmente al desarrollo de mi ministerio como líder.

También estoy agradecido al Dr. Byron Klaus, por su amistad y la influencia que ha tenido en mi vida. Durante dieciséis años ocupó el cargo de presidente del seminario teológico de las Asambleas de Dios, en Springfield, Missouri. Nadie encarnaba mejor que él el lema del seminario: «Conocimiento en llamas». Es un honor que haya accedido a escribir el prólogo a este libro.

Por último, quisiera agradecer a Esther Wood, mi asistente administrativa ejecutiva, por ayudarme a encontrar tiempo libre para escribir durante los últimos tres meses; a Steve y Susan Blount, vicepresidentes de la casa editorial My Healthy Church, por entusiasmarse con este proyecto; y a Terri Gibbs, editora, por sus excepcionales aportes editoriales.

SOBRE EL AUTOR

El Dr. James T. Bradford es secretario general del Concilio General de las Asambleas de Dios. Antes de ser elegido como secretario general en 2009, Bradford se desempeñaba como pastor principal de la iglesia Central Assembly en Springfield, Missouri.

Jim (como se lo conoce) tiene un doctorado en ingeniería aeroespacial de la Universidad de Minnesota. Cuando era estudiante, dirigía en la universidad un pequeño grupo Chi Alpha de estudio bíblico; con el tiempo, ese grupo creció hasta convertirse en una iglesia en la universidad. Al graduarse en 1979, Jim se incorporó al ministerio de tiempo completo y se dedicó a la evangelización universitaria. En 1988, Jim y su familia se mudaron al sur de California, donde fue pastor de Newport-Mesa Christian Center en Orange County.

Doce años después, se trasladó a Vancouver, Canadá, para ser pastor de Broadway Church. En 2003 Jim y su familia se mudaron a Springfield, donde aceptó el pastorado de la iglesia Central Assemblies of God.

Bradford también ha sido miembro de varias juntas ejecutivas, entre ellas, las de Vanguard University, el Presbiterio Ejecutivo del Distrito de California del Sur y el Presbiterio General de las Asambleas de Dios.

Él y su esposa, Sandi, tienen dos hijas. Viven en Springfield, Missouri.

Para más información

acerca de este libro y otros recursos visite:
www.salubrisresources.com